Stefan Jahnke

Weihnachtsgeschichten aus Dresden

Bildnachweis
Titelbild: ullstein-Oscar Poss

Ullstein-ddrbildarchiv.de/Klaus Morgenstern: S. 16, Ullstein-image BROKER/Torsten Becker: S. 24, Picture alliance/dpa-Zentralbild: S. 42, Picture alliance/dpa-Report/ddrbildarchiv.de: S. 53, Picture alliance/dpa-KNA Herb: S. 62

1. Auflage 2014

Satz und Layout: Christiane Zay, Potsdam
Druck: Hoehl-Druck Medien+Service GmbH, Bad Hersfeld
Buchbinderische Verarbeitung: Buchbinderei S. R. Büge, Celle

34281 Gudensberg-Gleichen, Im Wiesental 1
Telefon: 0 56 03 - 9 30 50
www.wartberg-verlag.de

ISBN 978-3-8313-2744-7

Inhalt

Tante Bärbels Schrank

Cornelia stand vor dem alten Jägerhof, in dem das Volkskunstmuseum untergebracht ist. Beleuchtete Weihnachtsbäume verkündeten die schönste Zeit des Jahres. Ein wenig Schnee fiel, doch er blieb nicht liegen. In der Ferne blitzte das Gold des Goldenen Reiters an der Hauptstraße und von der Carolabrücke rollte eben eine Straßenbahn mit großer Sarrasani-Werbung in Richtung Albertplatz davon. Neben ihr verläuft die Sarrasanistraße, denn neben dem Jägerhof stand einst das gewaltige und für seine Zeit über viele technische Raffinessen verfügende feste Zirkushaus des damals bekanntesten Zirkus' in Europa. Sie wusste, dass ihre Großtante, die sie nur Tante Bärbel nannte, noch in den letzten Tagen vor dem verheerenden Bombenangriff der Alliierten am 13. Februar 1945 eine Veranstaltung darin besucht hatte. Lange her. Inzwischen lebte ihre Tante in einem Seniorenheim. Es Pflegeheim zu nennen, traute sich Cornelia nicht, denn ihre Tante wollte nicht als pflegebedürftig gelten, obwohl sie es mit ihren 80 Jahren dürfte. Ein ordentliches Alter. Später, noch vor dem Mittagessen, würde Cornelia sie besuchen.

Jedes Jahr in der Weihnachtszeit ging Cornelia mit ihrer Mutter in das Volkskunstmuseum. Sie bestaunten die kunstvollen Weihnachtsberge und Buckelbergwerke, sahen die vielen Erzgebirgischen Figuren, bewunderten die kunstvollen Leuchter und suchten doch nur eines: Tante Bärbels Schrank. Denn den hatte die mal ans Museum verkauft. Es war in den Siebzigern gewesen. Sie hatte nicht viel dafür bekommen. Ein alter, völlig intakter und schön bemalter blauer Bauernschrank war es. Die Tante bereute es nie, wollte sich jedoch auch nicht ganz davon trennen, wobei sie hartnäckig verschwieg, wie sie eigentlich zu dem Schrank gekommen war. Im Ausstellungsraum des Museums entdeckten Cornelia und ihre Mutti den Schrank jedoch nie. Um die Tante nicht zu verärgern, erzählten sie nichts von den vergeblichen Versuchen. Doch irgendwo im Museum musste der Schrank ja sein. Blieb nur das Museumsdepot, wo ihn Cornelia mit Unterstützung der freundlichen Mitarbeiter fand. Sie hatte einen Plan.

Cornelia stand an der Museumskasse. Die ältere Frau hinter der Glasscheibe schaute sie freundlich an. „Ich sage gleich hinten Bescheid, ja? Oder wollen Sie erst noch woanders schauen?“

Cornelia schüttelte den Kopf. Sie hatte nicht zu viel Zeit. Der Tante sollte es schlechter gehen. Sie musste sich beeilen.

Der Museumsdirektor drückte ihr freundlich die Hand. „Der Transporter steht bereits draußen. Verpackt haben wir ihn auch schon. Die im Heim wissen Bescheid?“ Sie nickte.

Erinnerungen steckten im blau gestrichenen Holz. Sie strich vorsichtig darüber. Wie viele Weihnachten hatte er wohl schon erlebt? Oben stand eine Jahreszahl in römischen Zeichen. 1786. Ein Familienerbstück. Das Richtige als Weihnachtsüberraschung! Sie nickte dem Direktor zu und sah, wie seine Männer den Schrank vorsichtig anhoben, während sie den Leihvertrag unterzeichnete. Dann fuhr sie voraus.

Im Seniorenheim freute sich Tante Bärbel über ihren Besuch. „Ach, Kindchen, schon wieder gleich Weihnachten und ich Alte bin immer noch da. Na ja, so eine Sache!“ Dann erzählte sie ihrer Großnichte, wie sie damals nach Dresden gezogen war, in der Stadt gar nicht klarkam, dann jedoch heimisch wurde. „Und heute liebe ich Dresden. Geh doch mal in der Weihnachtszeit vom Albertplatz über die Hauptstraße und die Augustusbrücke, durchs Georgentor, am Altmarkt vorbei, über die Prager Straße zum Hauptbahnhof. Da kommst du an so vielen Märkten vorbei. Und was heute alles wieder steht! Das Schloss, der Zwinger, die Frauenkirche, die Semperoper. Fast wie früher und doch ganz, ganz anders. Richtig schön. So, wie mein alter Schrank. Ach ja, wenn du wüsstest, woher der ist! Na, vielleicht verrate ich es dir noch mal. Warst du bei ihm?"

Cornelia nickte kurz und versuchte, das Thema zu wechseln. Eigentlich wollte sie mehr über den Schrank erfahren, warum die Tante so sehr daran hing, aber sie hatte Angst, sich im falschen Moment zu verplappern. Noch eine halbe Stunde redeten sie im Essensraum. Dann sah sie ein Gesicht hinter der Türscheibe, das ihr freundlich zunickte.

„So, Tante. Jetzt geht's wieder ab ins Zimmer, ja?"

„Och, willst du schon gehen? Schade!", meinte Tante Bärbel und ließ sich im Rollstuhl zurückschieben.

Als sie vor dem Zimmer ankamen, war es Cornelia doch etwas komisch zumute. Was, wenn die Tante den Schreck nicht verkraftete? Jetzt war es zu spät.

„Nicht erschrecken, Tante Bärbel, ja?"

Die alte Frau schaute verdattert in Cornelias Gesicht. Die Tür ging auf und …

„Ach nein, das kann doch nicht …"

Tante Bärbel fuhr ihren Rollstuhl allein ins Zimmer und strich bald über das Holz des großen, wenn auch schmalen Schrankes und fragte, „Wo kommt der denn her? Cornelia, Cornelia, das ist ja eine Überraschung!"

Ausführlich berichtete die junge Frau von ihrem kleinen Coup. Der Museumsdirektor hatte nichts dagegen. Eine Leihgabe eben. Tante Bärbels Schrank stand doch eh nur im Depot, obwohl er mehr verdiente.

„Ach Kindchen, das ist ja wirklich eine liebe Idee. Na, da kann ich auch nicht anders und muss dir seine ganze Geschichte erzählen. Aber bitte halte mich nicht für verrückt, ja?"

Cornelia nickte.

„Also, es war Weihnachten 1945. Wir verloren im Februar alles. Und wenn ich meine alles, dann war es wirklich alles. Eine schlimme Zeit. Und mein Vater war auch noch im Krieg. Nein, nein, in Gefangenschaft. Hofften wir zumindest. Der Krieg war endlich aus. Es kam mal eine Karte, aber mehr nicht."

Tante Bärbel wischte sich die Augen.

„In Dresden lag kaum ein Stein auf dem anderen. Wir fanden nach ein paar Tagen eine Bleibe am Rande der Stadt, lebten aber aus verbeulten und eingerissenen Pappkartons. Meine Mutter versuchte, immer mal etwas auf dem Schwarzmarkt zu tauschen. Zum Glück wurde sie nicht dabei erwischt. Und Vater fehlte ihr genauso, wie mir."

Cornelia reichte ihrer Tante ein Taschentuch.

„Danke schön, Kindchen. Ach ja, die alten Zeiten. Ja, und dann stand da dieser Schrank vor unserer Tür. Es war Weihnachten. Er stand einfach da. Ich traute mich nicht vorbei, denn wenn ihn niemand brachte und auch niemand holte, wo kam der her? Meine Mutter nahm sich schließlich ein Herz, ging hin und machte die Türen auf. Und …" Tränen schossen nur so aus Tantes Augen hervor.

Cornelia stützte sie und mahnte, „Reg dich nicht so auf, Tante Bärbel. Ist ja alles gut!"

Die alte Dame beruhigte sich. „Ja, damals war auch alles in Ordnung. Der Weihnachtsmann … der brachte uns den Schrank … und meinen Vater. Der stand da drinnen und grummelte schon, weil wir ihn ewig nicht herausließen. Ach, das war eine Freude!“

Irgendwo auf dem Wege zurück von der neuen polnischen Grenze nach Dresden fand der Vater diesen Schrank und schleppte ihn mit, transportierte ihn auf einer Karre und brachte ihn endlich nach Dresden. Entdeckte an den Trümmern einen Hinweis auf den Verbleib seiner Lieben.

Im Heim fand sich ein hübsches Plätzchen für den guten alten Schrank. Nun stand er da, leihweise. Cornelia wurde klar, sie konnte das Möbel nicht zurück ins Museum geben. Zwei Jahre dauerte es, bis der Museumsdirektor nachgab und schließlich einwilligte. Aus dem Leih- wurde ein Kaufvertrag. Tante Bärbel erlebte das leider nicht mehr. Glücklich und zufrieden schlief sie nach einem erfüllten Leben im letzten Sommer ein.

Cornelia jedoch blieb neben vielen Erinnerungen und Geschichten der Schrank. Ihr kleiner Sohn konnte gerade krabbeln. Ob er es irgendwann verstehen wird, wenn sie ihm sagt: „Das da, das ist Tante Bärbels Schrank. Oder auch der Schrank vom Weihnachtsmann, der, der Tante Bärbels Vater zurück nach Dresden brachte.“

Der Weihnachtsbaumdieb

Wieder ist Advent. Die Jahre vergehen schneller und schneller.

Baumschlagen bei starkem Schneefall. Wir stehen mitten im Wald zwischen Dresden und Stolpen und sind alles andere als allein. Volksfeststimmung herrscht um uns herum. Einen Weihnachtsbaum möchten wir uns aussuchen, ihn mit höchst försterlicher Genehmigung schneiden, um später zu Hause zu erzählen: „Der ist frisch und selbst gehauen!"

Buden stehen am Treffpunkt. Man verkauft Glühwein, Bratwurst, Feuerfleisch, gar abgepacktes Eis. Bei diesen Temperaturen? Natürlich darf der Stand mit erzgebirgischen Räuchermännern und Pyramiden nicht fehlen. Daneben werden „Original Pulsnitzer Pfefferkuchen" angepriesen.

Die Waldarbeiter sind gut gelaunt, passen trotzdem auf, dass jeder Suchende seinen gefundenen Baum bezahlt. Neben der Kasse drehen sie auf Wunsch und völlig kostenfrei den Stamm ab, damit er in die europäisch genormten Ständer passt. Zu guter Letzt gönnen sie ihrem ehemaligen Waldbewohner eine Fahrt durch die konische Aluröhre, wonach er in einem Netz landet.

„Da hinten, junger Mann. Gehen Sie immer den Weg entlang. Der Kollege steht dann an der richtigen Stelle und weist Sie ein. Und keine Hatz. Bäume gibt's genug!"

Gute Organisation. Man schaut sogar auf das mitgebrachte Werkzeug, verborgt eine Säge, wenn die des Baumsuchers nichts taugt, und gibt hilfreiche Tipps, wie die Käufer ihren Baum bis zum Heiligen Abend frisch halten. Es sind nur noch fünf Tage bis zum Fest.

„Trinken Sie vorher einen Glühwein. Dann wird es Ihnen nicht kalt. Den Baum legen Sie schnell um. Aber der Schnee dran ist kalt. Da brauchen Sie Wärme von innen. Werden Sie sehen!“, ruft einer und lacht dazu.

Selbst Schneiden ist „in“. Bereits seit Wochen stehen Unmengen der grünen Nadelkollegen aus anderen Wäldern an den Supermärkten, wollen sich anschauen lassen, scheinen ein wenig zu hüpfen und mit den Ästen zu wackeln, wenn sich jemand zum Kauf entschließt. Freuen sie sich doch genauso wie ihre verschneiten Verwandten im Wald auf die Tage im festlichen Kleid in oder vor der Weihnachtsstube.

Die Waldarbeiter erzählen nebenbei unglaublich klingende Geschichten. Von Menschen, die im letzten Sommer in eine der neuen Schonungen fuhren und sich nicht mit irgendeinem abgesägten Baum zufriedengaben. Sogar wenn man sie erwischte, erfanden sie die verrücktesten Geschichten, um nicht als gemeine Diebe dazustehen.

Weiter vorn wartet jemand im dicken Watteanzug, der uns einweisen wird. Eben beginnt es wieder zu schneien und er äugt gar nicht begeistert nach oben, winkt uns trotzdem zu.

„Hier. Gehen Sie gut zwanzig Schritte und suchen sich einen aus. Links. Nicht rechts!“

Wir stapfen los. Wie einfach wäre es, mit dem frisch geschnittenen Baum nach hinten durch den weitläufigen Wald zu verschwinden. Ehrliche Menschen tun so etwas nicht. Alte Erinnerungen an einen Weihnachtsbaumdieb tauchen auf. Irgendwann Anfang der Achtziger im Dresdner Ortsteil

Gruna und ich war etwa vierzehn. Wir hatten Advent. Genauso wie heute. Schnee fehlte noch, aber der Wetterbericht versprach unglaubliche Schneemassen, die wir nach dem Bauernkalender erwarten sollten.

Damals waren die Geschäfte nicht wie heute übervoll. Was es trotzdem gab, musste man entweder kaufen, oder es eben lassen. Wie jedes Jahr drohte der Weihnachtsbaumkauf zum Problem zu werden. Nur eine Woche lang, meist Anfang Dezember, wurde der kleine Stand neben der staatlich geführten Kaufhalle geöffnet. Ich sehe den Verkäufer noch vor mir. Er trug eine russisch anmutende Armeemütze mit heruntergeschlagenen Ohrenklappen, dazu eine dicke, ausgewaschene Jacke und wattierte Lederhandschuhe. Sein Gesicht verriet das stete Aufwärmen mit Nikotin und starkem Alkohol.

„Na, wieder ’nen Boom?“

Verschmitzt lachte er. Oma war schon am Tag vorher bei ihm gewesen und hatte lange mit seiner recht unwilligen Unterstützung im wild hingeworfenen, lediglich aus Fichten und Kiefern bestehenden Haufen gesucht. Schließlich hatte sie einen passenden Baum gefunden. Wie immer eine Kiefer, denn sie meinte: „Bloß keine Fichte. Die kommen mir nicht ins Haus. Verlieren so schnell ihre Nadeln. Dann stecken die noch im Herbst im Teppich!“

Einbildung hin oder her, stets hielten wir uns daran. Selbst heute suche ich Tannen und Kiefern, keine Fichten.

„Nur abholen oder noch was?“, fragte der Verkäufer und stand dabei qualmend wie ein Räuchermann im Verkaufsgatter.

Oma hatte den Baum natürlich gestern nicht tragen können. Zu schwer für sie. Darum gingen diesmal sie, Mutti und ich zum Stand, um das edle Stück nach Hause zu transportieren. Dafür bekam der Verkäufer nicht nur ein paar Pfennig Trinkgeld, sondern zusätzlich eine Tafel Schokolade. Aus dem „Westen“.

Grinsend suchte er den zurückgestellten Baum heraus und zeigte ihn uns. Wirklich schön. Dankbar drückte ihm Oma die Kleinigkeiten in die Hand. Er schaute nicht einmal hin, brummte nur leise wegen der „Kälte“, dass er fast Probleme bekommen hätte, den Baum für uns aufzubewahren, und schaute nach weiteren Kunden, die brav am provisorischen Gatter rund um den Stand warteten und sich ihre eigenen Gedanken machten, als sie Oma und ihre kleinen Gaben sahen. Eine Frau giftete gleich: „Na, wieder bestochen? Immer die Gleichen!“ – „Fertig?“, fragte man hinter uns. Noch staunten wir über den schön gewachsenen Baum und ignorierten die giftende Frau.

Der Verkäufer trampelte in seinen dick gefütterten Stiefeln auf dem Boden herum. Dabei rutschte ihm ein Hosenbein aus einem heraus und er fluchte. Ganz ohne Schnee, aber mit so viel Kälte, das hatte es lang nicht mehr gegeben. Wir suchten aus einem Berg abgebrochener Äste noch ein wenig Reisig zusammen. Die Familiengräber waren abzudecken und ein kleiner Strauß mit Strohsternen sollte bis Weihnachten das Wohnzimmer zieren. Natürlich passte dies einigen der vor dem Gatter Wartenden nicht. Wir beeilten uns.

Endlich trugen wir den Baum nach Hause. Er stachelte und wir bemühten uns, nicht anzuecken. Damals gab es noch keine Netze. Der Baum war trotzdem wunderbar. Fünf Etagen, daran schöne, feste und lange Kiefernnadeln. Durch diese konnte man den Stamm kaum erahnen. Gut würde er aussehen, da oben auf dem Buffet in Omas Wohnzimmer. Und links daneben lagen am Heiligen Abend meine Geschenke. Hoffentlich. Also auf nach Hause.

Dort angekommen, verschwand Oma gleich in der Küche. Der Topf mit dem Wasser stand bereits auf dem Balkon. Der Baum kam hinein. Dann lehnte er in der Ecke zwischen Hauswand und Brüstung. Man konnte ihn ruhig von draußen sehen. Das Wasser würde gefrieren. Zum Heiligen Abend und zum Anputzen bekamen wir ihn sicher heraus.

Inzwischen wanderte ein Teil des Reisigs in einen braunen Krug. Bald hingen unsere alten und immer noch schönen Strohsterne daran. Ein paar kleine Kugeln als Gruß vom Weihnachtsmann sorgten für Farbe. Nein, an den Weihnachtsmann glaubte ich nicht mehr. Das Gefühl jedoch, die Freude, die Familie: All das blieb. Weihnachten zählt nicht nur wegen der Geschenke.

Oma kam aus der Küche und jonglierte mit einem Tablett. „Lasst es euch schmecken. Ist nicht zu süß!" Glühwein und selbst gebackene Plätzchen brachte sie uns. Lecker! Für den Abschluss eines Weihnachtsbaumkauftages genau das Richtige.

Die Tage vergingen. Letzte Geschenke wurden gekauft oder gebastelt. Stollenpakete an die Verwandten in Westdeutschland gingen auf die Reise, besonders schwere Päckchen und Pakete von dort durften wir auf der nur um Weihnachten in einem privaten Keller untergebrachten Behelfspoststelle auf der Beilstraße abholen. Natürlich mit Handwagen. Schnee für eine entsprechende Schlittenfahrt fehlte.

An jenem Tag sollte der erste Schnee des Winters fallen. Nichts passierte. Na, noch blieb Zeit. Die zwei letzten Arbeitstage vor Weihnachten begannen. Nun stand sogar in unserer schulischen Frühstücksecke ein Weihnachtsstrauß. Brachte ich mit. Die Äste waren übrig.

Traditionell, wie an jedem 23. Dezember, holte ich den Baumschmuck aus der Dachkammer. Winterlich sah es ums Haus und auf dem Balkon aus. Der Schnee blieb endlich doch liegen. Meine Ferien begannen und vor Neujahr sah mich die Schule sicher nicht wieder. Vorsichtig stellte ich die Kartons mit den schon von Urgroßmutter geerbten Kugeln und einer mundgeblasenen Baumspitze in eine Ecke des Wohnzimmers.

Morgen, Kinder, wird geschmückt!, dachte ich dabei.

Gegen Mittag schrie Oma plötzlich auf. Ich lief in die Stube. Kreidebleich stand sie an der Balkontür, brachte kaum ein Wort heraus und schnappte nach Luft. Leise hauchte sie, „Der Baum, der Baum ist weg!“

Was? Fassungslos sah ich nach. Wirklich! Selbst der Topf fehlte. Vor zwei Stunden hatte ich beides noch gesehen. Ganz sicher! Spuren waren im Schnee und am Balkon. Jemand war wohl über die Brüstung geklettert und hatte unsere schöne Hallelujastaude gestohlen, wie wir den Baum manchmal nannten. Nur noch ein knapper Tag blieb bis Weihnachten. Das Fest der Feste. Ohne Baum?

Mutig atmete Oma durch, zog sich an und wollte zum Weihnachtsbaumverkauf. Der war bereits vor Tagen geschlossen worden, war schon verschwunden. Nur in der Stadt, irgendwo in Nähe des bekannten Dresdner Striezelmarktes, sollte es noch ein paar Bäume geben. Ich fuhr hin. Mit der Straßenbahn einen Baum heimbringen? Schwierig. Machbar? Irgendwie schon. Ob ich mit etwas Glück noch einen bekam? Und … dürfen 14-Jährige Weihnachtsbäume kaufen?

Mutti war unterdessen außer sich, weil Oma immer noch über Herzschmerzen klagte und es einfach gemein war, ei-

Weihnachtsbaumverkauf in der DDR in den 70er-Jahren.

nen gekauften Baum vom Balkon zu stehlen. Sie ging zum ABV. Heute könnte man ihn „Bürgerpolizist" nennen, damals hieß er „Abschnittsbevollmächtigter", eben ABV. Der Polizist des Vertrauens. Natürlich nahm er den Fall auf, machte uns jedoch wenig Hoffnung auf Hilfe und Gerechtigkeit. Er meinte: „Wie soll ich denn diesen Dieb und den Baum finden?"

Unterdessen kämpfte ich mit mehr als dreißig anderen verzweifelten Kaufwilligen auf dem letzten Baumverkauf der Stadt um einen Ersatz. Jeder schrie: „Ich will auch einen, gehen Sie doch mal rüber!" – „Alle Bäume sind alle! – „Die sind ja fürchterlich!", und viele andere Schreie klangen mir in den Ohren.

Irgendwann hielt ich etwas Reisig und zwei Stämme in den Händen. Was waren das für Krüppel! Ohne richtige Etagen, schief gewachsen. Nicht einmal ein Förster würde so etwas in seinem Wald dulden. Darum lagen sie wohl hier! Bohrer, Säge und ein paar zusätzliche Zweige mussten da Abhilfe schaffen und mir beim Basteln eines einigermaßen ansehnlichen Baumes helfen. Es wäre ja gelacht, wenn wir das wichtigste Fest des Jahres ohne Baum feierten!

Zu Hause angekommen, begann der Kurs „Aus zweien mach einen“, und schließlich stand eine Kiefer mit ein paar Tannen- und Fichtenzweigen im Zimmer und blieb auch da. Die kam uns nicht mehr auf den Balkon. Geschmückt wurde sofort. Nun gerade!

Was soll ich sagen? Es wurde ein schönes Fest. Die Geschenke waren zweitrangig. Lange standen wir gemeinsam vor dem Baum, sangen ein Lied nach dem anderen und wollten uns nicht sattsehen an ihm. Dass schon zu Silvester der erste Ast herunterfiel, die Fichtennadeln der Ersatzzweige noch Jahre später unter dem Buffet und im Teppich zu finden waren, störte nicht. Wichtig war der Baum mit seinem Schmuck, den Lichtern, seiner Botschaft. Und unser Fest. Mit unserem gemeinsamen Werk. Seither hat das alte Lied „Oh Tannenbaum“ für mich eine ganz andere Bedeutung.

Als im Februar des Folgejahres Post vom ABV kam, wunderten wir uns sehr. Ein Nachbarjunge war aufgefallen, weil er auf einer Brache in der Nähe einen Kiefernstamm verbrannte, sich dabei wie Rumpelstilzchen aufführte und Kiefernnadeln im kleinen Feuer zum Knacken und Puffen brachte. Er kam ein paar Tage später mit seinem Vater zu uns, brachte den übrig gebliebenen Topf zurück, entschuldigte sich und musste einiges von seinem Taschengeld abgeben. Oma schenkte ihm einen kleinen Weihnachtsmann aus Schokolade und meinte: „Mach’s nicht wieder, ja?!“ Sicher hielt er sich daran.

„So, nehmen Sie den? Macht 15 Euro“, werde ich aus meinen Gedanken gerissen. Schon dreht sich die Spindel und der Baum erhält einen ordentlichen Anschnitt. Danach kommt er ins Netz. Ich freue mich aufs Weihnachtsfest. Außerdem schmeckt die Bratwurst heute besonders gut. Mit Glühwein wird mir wieder warm.

„Papa, warum brauchen wir einen Baum? Geschenke reichen doch!“, fragt mein Sohn.

Irgendwann, mein Junge, irgendwann erzähle ich dir die Geschichte von jener Weihnacht ohne, nein, fast ohne Baum.

--- Fröhliche Weihnachten! ---

Schrottwichteln

Geschenke sind für ihn etwas Besonderes. Und wenn eine Feier ansteht, überlegt sich Holger bereits Wochen vorher, was er den Gastgebern mitbringen könnte. Schließlich schenkt er nicht irgendetwas, sondern stets, worüber er sich selbst auch freuen würde. So hat er es gelernt, so ist es Tradition.

Seit ein paar Wochen hat er eine neue Arbeit. Er muss zwar auf die andere Seite der Stadt, arbeitet nun in einer kleinen Softwarefirma im Hinterhof an der Bremer Straße zwischen Alberthafen und Hafenmühle, doch dort macht es ihm richtig Spaß. Zwanzig junge Männer und Frauen sind jetzt seine Kollegen. Sie nahmen ihn gern auf in ihre Reihen und schätzen bereits seine Arbeit, wissen, dass sie sich auf seine einmal gemachte Zusage verlassen können. Für ihn selbstverständlich, für seinen Vorgänger eher nicht.

Weihnachten steht vor der Tür. Dass die neuen Kollegen feiern können, weiß er. Überall in den Gängen hängen Bilder von gemeinsamen Ausflügen, Geburtstagsfeiern, kleineren und größeren Firmenevents. Irgendwo sieht er auch einen

Weihnachtsbaum, kann jedoch mit den Bildern darum herum wenig anfangen.

„Wollen wir einen schönen Ausflug machen, den Striezelmarkt besuchen und dann an der Frauenkirche einkehren?"

Alle schauen Holger groß an.

„Ähm, ja, vielleicht, könnte man, na ja, ich weiß auch nicht, wenn man aber, und vielleicht noch ..." Er winkt ab. Als Neuer muss er ja nicht alles neu machen.

Roland, sein Chef, nickt ihm aufmunternd zu: „Gute Idee. Und vorher das traditionelle Schrottwichteln?"

Schon sind alle dabei.

„Wird ja ein richtiger Weihnachtstag!", meinen einige. Nur Holger schaut etwas dümmlich.

Schrottwichteln, was ist denn das nun wieder? Er kennt Weihnachtsfeiern, auf denen junge Frauen strippten, Weihnachtsmänner waren betrunken, und hin und wieder gab es auch eine ganz normale Feier ohne Ärger. Aber Schrottwichteln? Und alle scheinen das zu kennen. Zu fragen traut er sich nicht. Vielleicht verrät ihm das Internet etwas? Seine Frau? Ob Jule das weiß?

Zu Hause fragt er sie, und gleich beginnt sie zu lachen: „Mann, ist doch ganz einfach: Du schaust deine Fächer durch. Da findest du sicher etwas, was du nicht benutzt, was man aber nicht einfach wegwirft, weil es noch zu neu oder zu gut aussieht. Such mal. So etwas packt man da ein und dann wird eben Schrott gewichtelt. Ist doch ganz einfach!"

Einfach? Er schluckt. „Macht ihr das auch?"

Jule nickt: „Ja, ist immer lustig. Besonders, wenn du den Kram nicht einem Bestimmten zuschiebst, sondern alle darum würfeln. Macht ihr das?"

Er hat keine Ahnung. Da gibt es also Unterschiede? Etwas hilflos schaut er sich in der Wohnung um. Schrott. Er soll sich von etwas trennen, was er nicht braucht? Nicht umsonst meinen Jules Eltern wieder und wieder, er hebe alles auf. Familientradition. Nein, ein Messi ist er sicher nicht. Was wirklich kaputt ist, fliegt raus. Den Rest repariert er gern. Oder er stellt das eine oder andere Stück weg, falls er damit mal jemandem helfen kann. Davon etwas abgeben? Widerwillig beginnt er die Sichtung und Jule lächelt in sich hinein.

„Nein, ich habe nichts. Mist!“ Fast will er resignieren. Dann greift er nach dem Wagenschlüssel, fährt in die Innenstadt, parkt in der Centrum-Galerie, läuft zum Altmarkt, über den Striezelmarkt, meint, vielleicht ein Schneidebrettchen zu nehmen, einen Räuchermann, eben etwas, worüber er sich selbst freuen würde.

Schließlich steht er an einem Stand, der ein recht wildes Durcheinander anbietet. Gewürze, Haushaltswaren, Strickmützen. Unschlüssig schaut er auf die Auslagen, bis ihn die Verkäuferin anspricht.

„Ja, zum Schrottwichteln suche ich etwas.“

Sie schaut verdutzt. „Aber junger Mann, da nimmt man doch nichts Neues!“

So weit war er auch schon. Wenn er aber nichts hat?

„Ach was, gehen Sie heim und nehmen einfach das, was Sie über ein Jahr nicht mehr angeschaut haben. Da haben Sie mit Sicherheit irgendwas da!“

Immer noch unschlüssig, sogar ein wenig beleidigt fährt er nach Hause zurück, verschwindet gleich im Keller. Vielleicht ist noch etwas hinter den Koffern? Da kam er ewig nicht mehr ran! Er schwitzt und schwitzt und plötzlich kommen die Kisten mit Weihnachtszeug ins Rutschen.

Er flucht, schaut auf und … da sieht er sie. Die hat er noch? Ist nicht zu alt, aber irgendwie geriet sie ganz nach hinten, verschwand aus seinem Sichtfeld. Vor drei Jahren stand sie noch in seinem Büro auf der alten Arbeitsstelle, dann wanderte sie hier herunter. Warum kam er nicht darauf, als seine Tochter sich eine wünschte? Sie bekam eine Neue. Und nun?

Er überlegt. Zu schade zum Wegwerfen, nicht mehr im Einsatz, aber sie funktioniert, oder? Er probiert sie aus. Ja, alles in Ordnung. Soll er sich von ihr trennen? Am neuen Arbeitsplatz kann er sie nicht aufstellen. Er teilt sich ein Büro mit Konstanze, die Wände sind dünn. Nein, das wird nichts. Steht sie noch länger, wird sie auch nur älter.

Er lacht. Ja, er hat sicher das größte Geschenk zum Schrottwichteln. Entschlossen packt er alles Nötige zusammen, versucht, eine gewisse Ordnung im Keller herzustellen, wirft sich die vorhin eilig abgestreifte Jacke über und schleppt seinen Fund nach oben in die Wohnung.

Jule schaut ihn entgeistert an: „Was willst du denn mit dem alten Ding?“ – „Ja, was? Verschenken. Schrottwichteln eben.“ – Erst schüttelt sie den Kopf, dann nickt sie: „Kommt das Ding wenigstens weg. Pass bloß auf, dass du es nicht selbst bekommst!“

„Hmm, ist das möglich?“

„Natürlich, wenn den anderen nicht so recht klar ist, was drinnen sein könnte, wandert das Geschenk entweder weiter oder bleibt stehen.“

Dann kann er sie immer noch stiften. Ach was, diese Programmierer sind doch neugierig, oder? Nein, das lässt er sich jetzt sicher nicht ausreden! Gleich sucht er im Papierschieber nach großen Bögen. Zum Glück stehen im Schrank daneben noch zwei Rollen vom gleichen Weihnachtspapier. Die benötigt er fast vollständig für eine verrückte Verpackungsleistung. Er verwendet sogar Klebepads, um die einzelnen Teile vor dem Verpacken so aneinanderzubinden, dass sie im Papier und vor allem beim Transport nicht voneinanderrutschten. Die Frage des Transports würde eh noch ein Problem. Aber erst einmal ist das Geschenk verpackt und sieht sogar weihnachtlich aus.

Am kommenden Tag sitzen die Kollegen beisammen und besprechen den Ablauf der kleinen Weihnachtsfeier.

„Na, die Sache mit dem Stadtbesuch ist doch gar nicht so schlecht. Ich habe schon einmal rumgehört. Im Augustiner können wir noch einen großen Tisch bekommen. Ansonsten sieht es ziemlich mau aus. Was meint ihr?", fragt Roland.

Augustiner an der Frauenkirche. Eine gute Idee!

„Da machen wir unser Schrottwichteln gleich dort, oder?"

Helga, die Sekretärin und Älteste im Bunde der Programmierer und Entwickler der kleinen Dresdner Unternehmensniederlassung, schaut fragend in die Runde. Ja, gute Idee, scheinen alle zu rufen. Nur Holger wird es Himmelangst. Mit dem großen Ding bis in die Stadt?

„Können wir machen. Vorher auf den Striezelmarkt, dann noch einen Glühwein an der Frauenkirche oder im Stallhof und dann zum Augustiner. Prima!", schließt Roland die Beratung ab.

Holger steht noch am selben Abend mit einer Sackkarre vor dem Lokal der Augustiner Brauerei München, deren Tradition in Dresden bis in die Dreißigerjahre des letzten Jahrhunderts zurückreicht.

„Was liefern Sie uns denn? Eine Weihnachtsbombe?" Der Wirt, ein lustiger Kerl, hört sich Holgers Geschichte an und sieht im Bestellbuch nach. „Ja, hier stehen Sie. Gut, prima. Stellen Sie das Ding mal da hinten hin. Wir schaffen es morgen hoch. Pha, was haben Sie denn da drin?“

Holger tut geheimnisvoll. „Nein, keine Bombe. Ehrlich!“

Der Wirt schlägt ihm auf die Schulter und schenkt zwei Bier ein. „Wohl bekomm's! Na, dann auf eine schöne Feier morgen!“

Es wird ein lustiger Tag. Zwar wundern sich einige Kollegen, dass Holger ohne einen Rucksack oder eine andere Tasche auf Arbeit kommt und auf dem Striezelmarkt nur seine Geldtasche bei sich zu haben scheint, aber er winkt bei Fragen einfach ab.„Wartet nur. Werdet schon sehen!“

Die Sterne vom Weihnachtsmarkt vor der Frauenkirche leuchten bis hinauf zu ihnen. Schwarzbiergulasch und Bier umrahmen die Unterhaltung. Schließlich meint Helga, es wäre Zeit. Alle legen ihre kleinen, hübsch verpackten Geschenke vor sich auf den Tisch. Roland sucht auf seinem Smartphone herum und findet eine Würfel-App.

„Wer eine Sechs würfelt, darf sich ein Geschenk nehmen. Jeder darf bei jedem auch wieder eines wegnehmen. Wie lange machen wir das? Halbe Stunde?“

Alle nicken. Dann sieht Helga zu Holger. „Und wo ist dein Geschenk?“

In diesem Moment kommt der Wirt mit Holgers Sackkarre um die Ecke. „So, hierher?“

Holger nickt und allen bleibt der Mund offen stehen. „Was ist denn da drin? Mann, ist das aber groß!“ – „Gibt's die Sackkarre dazu?“ – „Wer soll das denn schleppen?“

Der Striezelmarkt ist ein vorweihnachtlicher Treffpunkt für Familien und Betriebe, eben für alle Dresdner.

Keiner schaut so richtig lustig. „Der veralbert uns doch!“, meint schließlich Bernd, der Chefprogrammierer. „Also ich nehme das Ding nicht!“

Schulterzucken. Alle beginnen nacheinander mit dem Würfeln. Holger sitzt etwas abseits, macht mit, wird schnell Eigner vieler kleiner Päckchen, bekommt sie aber fast alle wieder los. Niemand will sein Geschenk.

Irgendwann ruft Roland die halbe Stunde aus. „Jetzt nur noch das, was in der Mitte liegt. Jeder behält, was er gerade hat!“ In der Mitte ist nichts außer Holgers Riesenpaket. Und es fällt keine Sechs. Bis Holger an der Reihe ist.

„Jetzt musst du aber dein eigenes Geschenk nehmen!“

Er schluckt und schüttelt den Kopf. Schließlich würfelt Roland, hat eine Sechs und zieht das Riesenpaket zu sich herüber.

„So, vorbei. Nichts mehr da. Auspacken!“

Holgers Stimmung ist am Boden. Die anderen scheinen ihn zu ignorieren. Er trinkt noch ein Bier und wagt kaum, das kleine Paket vor seiner Nase zu öffnen. Alle lachen und sind lustig, wenn es auch aufgesetzt wirkt. Trotzdem macht sich Roland an das große Paket. Er versucht erst, die Klebestreifen vorsichtig zu entfernen. Dann reißt er das Papier einfach herunter und … „Mann, das is ja ’n Ding!“

Erst entgeistert, dann schon viel fröhlicher schaut er zu Holger und fragt: „Und die funktioniert noch?“

Der nickt sofort. „Ja, prima. Alles getestet!“

Sprachlos schauen die anderen auf das gelüftete Geheimnis, wollen es nicht glauben. Eine Stereoanlage. Dreifach-CD-Spieler, Doppelkassettendeck, zwei Lautsprecher, Fernbedienung. Alles da.

Der Wirt kommt eben an den Tisch und lacht. „Oh, Musikbombe, oder? Na, nicht schlecht. So eine hat meine Tochter auch noch. Hat einen guten Klang!“

Alle schauen zu, als der Wirt schnell eine Verlängerungsschnur besorgt und das Geschenk anschließt. Schon klingen die ersten Töne hervor.

„Mann, nicht schlecht! Und die brauchst du nicht mehr?“

Holger ist glücklich über die Wendung. „Nein. Meine Tochter hat eine, unsere ist auch in Ordnung und auf Arbeit kann ich die nicht hinstellen."

Roland legt ihm die Hand auf die Schulter. „So ein Ding ist das Richtige für meinen Sohn. Gerade jetzt nach dem Umzug. Danke dir, Holger!"

Der Abend geht noch bis Mitternacht. Später hilft der Wirt, die Stereomusikanlage einigermaßen sicher auf der Sackkarre unterzubringen, lässt sie per Fahrstuhl ins Erdgeschoss fahren und übergibt sie schließlich wieder Roland, der es nicht weit zum Parkhaus hat. Zum Glück ist er mit dem Auto da, verpackt das gute Stück, lässt den Wagen jedoch stehen. „Hole ich morgen. Ist mir heute nichts!" Er denkt an die vielen Biere.

Gemeinsam wandern sie alle zur Haltestelle am Altmarkt und fahren in unterschiedliche Richtungen nach Hause. Ein gelungener Abend, denkt Holger und legt das Designersalatbesteck aus seinem kleinen Wichtelgeschenk in die Küche. Umso größer, umso schlechter? Roland scheint zufrieden zu sein.

Weihnachts-Kuddelmuddel

Immer weiter blättert sie. Die Fotos dringen gar nicht bis zu ihr vor. Tränen hat sie in den Augen. Und Übelkeit steigt auf. Der kleine Kerl da in ihrem Bauch, der spürt es genau, wenn es ihr nicht gut geht.

Verflixt, wie konnte sie nur? Oder war er es?

Sven kann so ein Idiot sein!

Nein, vielleicht war sie es selbst.

Die Tränen laufen über ihr Gesicht, tropfen auf ihr Kleid. Dick ist sie schon. Noch ein paar Wochen, im Januar ist es sicher so weit. Dann fällt ihr Blick auf den Baum. Nein, sagt sich Melanie. Dieses Ding mag sie sich nicht anschauen! Der erste große Streit. Und das auch noch einen Tag vor Heiligabend!

Alles war so wunderschön. Sie lernten sich im Frühjahr kennen. Sie ist sonst nicht so schnell, aber bei Sven wusste sie, dass er der Richtige ist. Ihre Eltern hoben den Finger. Gerade Papa mag keine Konkurrenz, aber als sie ihn vorstellte und er einen Strauß Blumen für Mama mitbrachte, konnten beide nicht anders und nickten.

Heirat? Nein, davon sprachen sie noch nicht. Und nach diesem Nachmittag wird das wohl nichts werden. Dabei liebt sie ihn doch! Immer noch? Sie schaut auf die Platte des kleinen Couchtisches. Ja, immer noch! Durchatmen, an etwas Schönes denken! Schon hält sie das Album wieder in der Hand.

Zwei Wochen auf Zypern. Sie erlebten so viel, liebten sich, badeten, planten ihre Zukunft. Ja, das Leben ist nun einmal kein Urlaub. Wenigstens nicht immer. Trotzdem waren es die schönsten Tage in ihrem jungen Leben. Ja, der Abi-Abschluss war auch schön. Aber der Urlaub mit Sven war schöner.

Und es ging immer so weiter. Bis heute.

Verflixt! Sie sieht den kleinen Schwibbogen, den ihr die Oma geschenkt hat. Hübsch, auch wenn sie mit Weihnachten nie wirklich viel anfangen konnte. Sven schon! Sie wunderte sich, als sie zusammenzogen. Diese drei Kisten durfte sie nicht anfassen. Nein, sie waren sicher nicht zu schwer. Eher leicht. Heute weiß sie, was darin ist. Braucht man so etwas? Sie schluckt. Ja, vielleicht braucht Sven so etwas wirklich? Immerhin betreiben seine Eltern einen Weihnachtsladen. Sagt sie. Er besteht darauf, von einem „Geschäft für Erzgebirgische Volkskunst'" zu sprechen. Sie lachte ihn aus und er schaute traurig.

Bedeutet ihm das alles so viel?

Die Wohnung suchten sie gemeinsam aus. Das war im November. Und dann wollte er unbedingt in die Stadt, auf den Altmarkt, als man dort den neuen Weihnachtsbaum aufstellte. Riesig. Mit vielen Lichtern daran. Nach Weihnachten war ihr da noch lange nicht zumute. Ist es ihr eigentlich nie, aber wenn Sven es mag? Mit ihm gemeinsam wanderte sie durch die Innenstadt. Immer wieder auf den Striezelmarkt. Ihr war nur kalt. Glühwein durfte sie nicht trinken. Sven sah sie mitleidig an. „Aber einen Krapfen kannste essen!" Sie mag nichts Süßes. Nicht immer zumindest. Erst recht nicht, wenn es ihr kalt ist.

Verflixt. Sie kann es nur immer wieder sagen. Verflixt!

Dann borgte er sich den großen Wagen seiner Eltern. Ihre kleine Karre passt ihm wohl nicht? Nein, das war es nicht, sondern er wollte einen Baum holen. Sie kennt das kaum. Ihre Mutter stellt keinen auf. Vater lebt woanders. Jetzt. Als wenn ihre Eltern nur darauf warteten, dass sie auszieht. Und dass es Mutter nach diesem Hin und Her nicht nach Weihnachten ist, kann sie verstehen.

Sie? Mag sie Weihnachten? Nein! Jedenfalls auf keinen Fall so, wie es heute begann.

Wütend wirft sie das Album zur Seite. Sven hat irgendwo noch ein Fotobuch. Schön geworden ist es. Sie mag jetzt nicht daran denken. Der Urlaub war schön und ist nun vorbei.

Unter der großen Pyramide stand sie, als er loszog. Dann kam er mit heißer bitterer Schokolade wieder. Ja, die war nicht süß. Trotzdem mochte sie die nicht. Ihr war immer noch kalt. Und auf diesen riesigen Schwibbogen steigen wollte sie auch nicht. Das Wahrzeichen vom Striezelmarkt.

Immer mehr fieberte sie dem Moment entgegen, da sie endlich wieder nach Hause fahren konnten. Sie dachte schon an diesen komischen Baum. Groß sah er aus in seinem Netz. Sie blieb im Auto sitzen. Ein Forstarbeiter kam vorbei und schimpfte, weil sie den Motor laufen ließ. Na und? Sven brauchte nicht lange. Dieses Monster sollte in ihre Wohnung? Sie ließ ihn machen. Er meinte, wenn der steht, die Beleuchtung drauf ist und die Kugeln daran hängen, wird sie ihn mögen. Pha! Sven mag sie … wirklich? Aber den Baum?

Wütend schaut sie wieder hinüber. In die Kreuzkirche musste sie gehen. Es war schön, als die Orgel spielte. Der Kreuzchor sang. Bisher wusste sie nur, dass es den in Dresden gab, und nun erlebte sie ihn live. Ja, das gefiel ihr schon. Aber dieses andere Drumherum? Sie weiß es nicht.

Planung, immer nur Planung. Sven weiß doch, dass es ihr nicht gut geht. Der Murkel fordert sie. Vor zwei Wochen schon schrieb sie der Doktor krank. Nicht überanstrengen soll sie sich. Puh, und morgen soll sie erst zu seinen Eltern, dann zu ihrer Mutter fahren? Die Kinder gehören zu Weihnachten zu den Eltern. Wenn er meint! Nein, das wird wohl nichts. Er ist weg, griff sich seine Jacke und ging.

Idiot! Bloß, weil sie die Kugeln nervten, er sie immer wieder fragte, ob dieses und jenes schön aussieht. Na und? Das ist sein Baum. Sie braucht keinen. Und diesen anderen Kram um Weihnachten herum auch nicht!

Warum ist sie mit ihm zusammen? Torschlusspanik, weil sie mit dreiundzwanzig immer noch keinen wirklich festen Freund hatte? Ja, Melanie, sagt sie sich, du bist blöd. Liebe ist schon ganz gut, aber sich gleich ein Kind machen zu lassen …

Tränen brechen aus ihr hervor.

„Sven, Svehehen!"

Ja, sie liebt ihn. Sie ist dumm, so dumm! Ein guter Kerl ist er. Immer für sie da. Auch wenn sie ihn erst seit dem Frühjahr kennt. Immer, immer da.

Gar nicht da. Weg ist er. Einfach weg. Nahm seine Jacke und ging. Ja, sie war nicht nett. Drei dieser goldenen Kugeln warf sie auf den Boden und er schaute sie noch trauriger an, als letztens vor dem Laden seiner Eltern.

„Das ist mir einfach zu viel!"

Sie stampfte dabei mit dem Fuß auf und er nickte. Dann klappte nur die Tür und verdattert sah sie den leeren Platz, wo eben noch seine Jacke hing.

War es das wert? Warum muss er denn auch gleich so verrückt sein? Och Mensch Sven, komm doch wieder, ja? Geh nicht, nicht vor Weihnachten, nicht jetzt, gar nicht. Geh einfach nicht und dann …

Ja, und dann? Dann passt ihr etwas anderes nicht. Sie kann ihn verstehen. Schwierig. Und sie weiß genau, warum sie so ist. Weil Papa und Mama sich nicht mehr lieb hatten, weil sie ihr etwas vorspielten und es nun zeigten, einfach auseinanderrannten. Ewige Liebe? Na ja, wer weiß!

Sie steht auf, schaut auf die offenen Kisten.

Ganz langsam, dann jedoch schneller und schneller schiebt sie diese näher an den Baum, holt den kleinen Tritt aus der Kammer. Sie spürt das leichte Ziehen im Bauch. „Jetzt nicht, Murkel. Jetzt muss ich erst einmal etwas in Ordnung bringen. Auch für dich!“ Sie streicht vorsichtig über ihren Leib, dann steigt sie nach oben und hängt Kugel für Kugel auf. Herunter, schauen, etwas umhängen. Über eine Stunde nimmt sie sich Zeit, ist dann mit ihrem Werk zufrieden, schaltet die Beleuchtung ein, setzt sich vor den Baum und heult wieder. „Verdammt noch mal, ich bin eine dumme Kuh, eine dumme Kuh!“

Sie schüttelt sich, verschließt die Kartons, räumt sie im Flur in den hohen Schrank, sieht sich um, setzt sich auf die Couch und trinkt einen Schluck aus dem alten Teetopf, den ihr die Oma einmal schenkte. Ist da auch ein kleiner Weihnachtsbaum drauf? Ja, in der einen Ecke sieht man ihn. Der Rest vom Bild verlor sich im Spüler.

Sie legt den großen Zettel auf seinen Platz. Da sitzt er immer. Na ja, nicht schwer zu erraten, denn sie haben nur zwei Stühle am Tisch. Den Rest wollten sie im neuen Jahr kaufen. Wollten? Nein, sie wollen und sie werden.

Ein Stück Schokolade noch daneben. Dann spürt sie die unheimliche Müdigkeit. Murkel bewegte sich eine Weile nicht. Vorsichtig streicht sie sich wieder über den Leib. Angst ist in ihr. Da, ein Gungs. Hach, zum Glück. Er schlief nur. Oder hörte er auf sie? Sie wollte doch, dass er sich ruhig verhält. Müde. Das Fotoalbum noch ins Fach und ab ins Bett. Hoffentlich kommt Sven bald wieder. Sie schläft schlecht ohne ihn. Auch so eine Marotte! Als sie ins Bett geht, schließt es an der Tür. Ein Glück, er ist da. Nun kann sie schlafen.

Am nächsten Morgen wacht sie spät auf. Gleich gleiten ihre Finger auf die andere Bettseite. Leer. Sie schreckt hoch. Nein, er hat hier neben ihr geschlafen und ist nur schon eher aufgestanden. Ach, diese Angst! Sie muss mit ihm reden, will sich versöhnen. Schlaftrunken wankt sie in die Küche.

„Hallo Schatz! Na, besser?"

Was soll denn besser sein? Sie hält sich zurück. Schwangerenmarotten? Gleich muss sie lächeln. „Ja, geht so. Und du? Gut geschlafen?"

Er nickt und schiebt ihr Kaffee herüber, schneidet ein knuspriges Hörnchen auf, schmiert es mit frischem Gänsefett, legt eine Saure Gurke darauf und stellt ihr den Teller vor die Nase. „Sieht schön aus, unser Baum. Prima!"

Sie strahlt, auch wenn sie Weihnachten nicht als so wichtig ansieht. „Und, wann müssen wir los?"

Sven schüttelt den Kopf. „Ich habe abgesagt. Ist besser so. Zu Hause feiern und so. Wir beide. Hier."

Sie schluckt. Dann sitzt sie schon auf seinem Schoß. „Danke, Schatz. Ich muss mich sicher immer mal hinlegen und …" Sie sieht die Sorgenfalten auf seinem Gesicht. „Was …?

Er nickt nur und sagt gar nichts.

Sie ist unruhig. „Was ist los, Sven?“ Will er sich von ihr trennen? Hätte sie sich selbst zuzuschreiben.

Er zieht sie an sich. „Na ja, ganz so ruhig wird es vielleicht doch nicht hier.“

Was meint er denn nun wieder?

„Warte es ab!“

Am Vormittag räumen sie gemeinsam auf. Dann essen sie eine Kleinigkeit. Melanie hat keinen Hunger und Sven hält sich zurück.

Nach dem Mittag holt er ein kleines Geschenk hinter dem Rücken hervor, drückt es seiner Freundin in die Hand. „Ich liebe dich, Melanie. Egal, was du gerade für eine Laune hast. Komm, mach es auf!“ Sie schaut ihm in die Augen, dann auf das Päckchen. Ihre Gedanken rasen. Für ihn hat sie nur ein Buch. Ja, ein altes. Weihnachtsbräuche in Sachsen. Sie fand es bei einer Haushaltsauflösung und musste gar nicht viel bezahlen. Aber was ist das? Vorsichtig löst sie die Schleife, zieht das Papier herunter, sieht die kleine Schatulle.

„Och, Mann, du bist ja verrückt!“ Sie schaut auf den Stein, das Silber darum herum.

„Willst du mich heiraten, Melanie?“ Er kniet vor ihr. Sie nimmt seinen Kopf in die Hände, hat schon wieder Tränen in den Augen. „Ja, ja, ja, Sven, ja!“ Sie küssen sich und hinter ihnen steht der von ihr fertig geschmückte Baum.

Gegen sechzehn Uhr klingelt es an der Tür. Melanie weiß noch nichts. Sven schickt sie zum Öffnen, hat angeblich gerade zu tun. „Ihr …?“ Verdattert schaut sie auf Svens Eltern. Sein Vater sieht den Ring an ihrer Linken. „Oh Mann, der glitzert ja vielleicht! Na, Oma würde sich freuen. Herzlichen Glückwunsch … und frohe Weihnachten!“

Dieser Schlingel, denkt sie. Hat Sven doch seine Eltern eingeladen. Lieber Kerl. Nur … ohne ihre Mutter? Irgendwie ist da eine Leere. Weihnachten. Ist da doch etwas dran?

Sie lässt die Schwiegereltern in spe herein, will gerade in die Küche gehen, die mitgebrachten Speisen anschauen, einiges im Kühlschrank verstauen, sich dann entschuldigen, weil sie nur zwei Stühle haben, als es schon wieder klingelt.

Sie geht.

„Mutti! Und … Papa!“ Gleich umarmt sie beide. Ihre Eltern haben Tränen in den Augen. Hinter ihnen stehen vier Stühle mit roten Schleifen.

„Komm, hol mal den Sven und dann tragen wir alles hinein!“

Der Abend wird lang. Melanie legt sich mehrmals für kurze Zeit auf die Couch oder auch ins Schlafzimmer, ist meist schnell wieder fit. Immer wieder müssen die Eltern berichten. Wie sie sich gestern vor der Christvesper an der Frauenkirche trafen. Alle. Zufall. Und wie Sven sie anrief. Weihnachts-Kuddelmuddel? Aber wirklich!

Die Christbaumtrompete

Es flimmert und glitzert ihm entgegen, nähert er sich auf dem Striezelmarkt einem Stand mit Weihnachtsbaumschmuck. Kugeln in vielen Farben, schön bemalt, bedruckt oder wie mit Schnee bestäubt, sind da zu sehen. Dazu gibt es Baumspitzen in unterschiedlichsten Formen und natürlich fehlen die vielen kleinen Figuren aus buntem Glas nicht. Lametta glitzert zwischen alledem, Christbaumbeleuchtungen strahlen und bringen all die Glasstücke zum Glitzern. Gern würde er das eine oder andere Stück erwerben. Jedoch weiß er, dass seine kleine Kiste mit Baumschmuck so gut gefüllt ist, dass seine Frau und er sogar an dem selbst geschlagenen und besonders ausladenden Baum aus heimischen Wäldern nicht einmal zwei Drittel all dessen unterbekommen, ohne dass der Baum überladen wirkt.

Eine der vielen kleinen Figuren muss jedoch jedes Jahr am Baum hängen. Jedenfalls sorgt er dafür und manchmal lachen dann alle gemeinsam darüber. Seine Christbaumtrompete. Silbern und rot glitzert das filigrane, so zerbrechlich wirkende Glas, aus dem sie ein Lauschaer Glasmacher gefertigt hat. Wie ein altes Posthorn wurde sie geformt und trägt eine Rose aus Kunstschnee am Schallbecher unterhalb von Stürze und Kranz. Das allein wäre noch nicht so wichtig. Das Besondere ist, dass man auf ihr spielen kann. Nicht dass sie die Klangvielfalt einer wirklichen Trompete bietet, sie klingt eher wie eine Kindertute. Im Kranz sitzt ein Blättchen und bläst man in das schmale Mundstück, erklingt ein Ton irgendwo zwischen C und D. Vorsichtig blasen seine Kinder einmal hinein. Sie wissen, was passieren kann.

Es war kurz vor dem Heiligen Abend 1971. Bald wurde Lutz fünf Jahre alt und die folgenden Feiertage sorgten in ihm bereits für eine gehörige Aufregung. Mit seiner Mutti holte er den Christbaumschmuck aus der Bodenkammer, der alte, schon recht wackelige Christbaumständer stand in der Zimmerecke und eine schön gewachsene Kiefer wartete in der Balkonecke aufs Anputzen. Draußen lag Schnee und der Wetterbericht versprach noch mehr Schneefall für die kommenden Tage. Der Schlitten verlor seine Spinnweben. Noch für den Nachmittag nahm er sich vor, zu Freunden in den Großen Garten zu ziehen und dort am Rodelberg zu rodeln, vielleicht eine Schneeballschlacht zu veranstalten, einfach den Winter zu genießen. Seine Mutti versprach, ihn zu begleiten. Sie hatte bereits frei und allein durfte er noch nicht in den mit gut zwei Quadratkilometer recht großen, wenn auch stets gut besuchten Stadtpark ganz in der Nähe ihrer Wohnung zwischen Dresden-Gruna und der Altstadt.

„Aber erst stellen wir noch den Baum in den Ständer!"

Etwas widerwillig half Lutz mit, stach sich an den langen Kiefernnadeln mehrmals die Finger und half doch noch, die neue elektrische Christbaumbeleuchtung zu befestigen.

„Den Rest erledigen Oma und ich später, ja?", meinte die Mutti und sie machten sich zum Rodeln fertig.

Dick vermummt mit Handschuhen, Mütze, Schal und klobigen Stiefeln an den Füßen ging es hinaus in den gerade einsetzenden Schneefall. Im Großen Garten hatten sie viel Spaß. Einige Freunde waren da und sie bauten unterhalb des Rodelberges, gleich beim kleinen Pavillon, einen großen Schneemann. Irgendwer fand ein paar Tannenzapfen für Nase, Augen und Mund und Lutz winkte dem eisigen Mann lange zu, als seine Mutti zum Aufbruch zurück nach Hause rief.

Müde und glücklich trafen sie ein. Draußen wurde es bereits dunkel. Großmutter bereitete gerade das Abendessen und in der Stube standen alle Christbaumschmuckkartons offen fürs Schmücken bereit.

„Vorsichtig, Junge. Das ist alles zerbrechlich!“, meinte die Mutti und Lutz nickte müde, mit seinen noch vier Jahren, schaute sich die vielen Kugeln, Zapfen und Figuren an.

Dann entdeckte er sie. Jedes Jahr hing sie am Baum und er durfte schon ein-, zweimal hineinblasen. Die kleine Trompete. Langsam wieder aufgetaute, kaum bewegliche Finger tasteten nach ihr und zogen sie vorsichtig aus dem Seidenpapier. Er schaute sie an, setzte sie an den Mund und blies hinein. Leise tutete es. Schön! Noch einmal! Wieder hörte er leises Tuten.

Plötzlich schlug die Tür auf, sie war wohl Oma aus der Hand gerutscht, weil sie auf einem Arm das Tablett mit den Tellern balancierte. Lutz schnellte erschrocken herum und fing gleich an zu weinen.

„Ach Gott, nein, Lutz!“, rief sie, stellte das Tablett irgendwo ab, kam zu ihm und sperrte ihm mit geübtem Griff seinen Mund auf, sagte unaufhörlich: „Nicht schlucken, nicht schlucken, Lutz!“ Dann fingerte sie die zerbrochenen und zerbissenen Stücke des Trompetenmundstückes aus seinem Mund und Rachen.

„Ach, so ein Pech!“, sagte sie laufend und versuchte, die kleine Blutung an seinem Zahnfleisch zu stoppen. Plötzlich spürte er einen Schmerz, schrie auf und ballte die Fäuste, musste gleich noch mehr weinen. Sicher steckte da ein winziges Stückchen des Trompetenglases im Zahnfleisch. Das verging, es war schnell gefunden und herausgezogen. Doch nun blutete auch noch seine rechte Hand, mit der er eben die Reste der kleinen Trompete völlig zerdrückte. Vorsichtig zog Großmutter mit einer eilig von Mutti gebrachten Pinzette Splitter für Splitter aus seinem Handteller heraus, verband ihn nach ordentlichem Waschen und schaute etwas vorwurfsvoll, wenn auch lieb in sein Gesicht.

„Nun ist sie kaputt. Schade!“, hört er heute noch ihre Worte. Dann sprachen sie nicht mehr darüber, er bekam wegen seiner Wunde im Mund anstatt Schnitte eine leichte Suppe zum Abendessen und ging bald schlafen. Traurig war Lutz trotzdem und die Trompete vergaß er über viele Jahre nicht. Er wusste von seiner Mutti, dass die Oma mehrfach versuchte, eine neue zu kaufen. Erfolglos.

1990 veränderte sich vieles. Plötzlich gab es nicht mehr zwei, sondern ein Deutschland. Die Buden des Striezelmarktes wirkten bunter als in den Jahren zuvor. An vielen Stellen in Dresden bekamen sie Unterstützung durch kleine Stadtteil-Weihnachtsmärkte und aus alter Tradition machte Lutz mit Mutti wieder einmal einen Spaziergang durch die weihnachtlich geschmückte Innenstadt.

Am Dresdner Landhaus, gleich beim Pirnaischen Platz, standen die letzten Buden, die sie an jenem Abend entdeckten, ehe sie mit der Straßenbahn nach Hause fahren wollten. Vier oder fünf waren es, die links und rechts vom Zugang zum Stadtmuseum auf Kundschaft warteten. Es gab Mützen, Räuchermänner, Süßigkeiten und Christbaumschmuck. Immer, wenn Lutz seit jener Weihnacht 1971 Baumbehang sah, musste er genauer hinschauen. Oft entdeckte er dabei eine Trompete, jedoch fehlte all diesen kleinen Instrumenten aus Glas das Blättchen für den schwachen, tutenden Klang.

An diesem Stand gab es viel. Kleine Schneemänner wollten an Äste gehangen werden, wunderbar geformte Zapfen blitzten im Licht einer Kerze und verschiedene Baumketten zeigten, wie sich Geschmack verändern kann, ohne unschön zu wirken. Ganz links stand eine kleine Tafel mit verschiedenen Figuren. Sein Blick überflog alle und blieb an einer Trompete hängen. Das Motiv kannte er, hatte es lange nicht mehr gesehen. Eine Rose aus Kunstschnee, silbern-roter Körper, schmales, hinten offenes Mundstück. Vorsichtig drehte Lutz die Trompete um. Gleich schnellte der Kopf der Verkäuferin hervor. „Da ist so eine Tute drin. Kann man blasen. Aber nichts für Kinder. Kann zerbrechen!“

Er nickte. Seine Mutti lächelte neben ihm.

„Und, nehmen wir die?“, fragte sie. Er nickte. Gerade wollte sie ihr Portemonnaie ziehen, als Lutz einen Fünfmarkschein auf den kleinen Teller am Stand legte.

„Ich habe sie kaputtgemacht, ich bezahle sie!“

Mutti lachte und nickte. Die Verkäuferin sah die beiden fragend an, aber Lutz winkte nur ab. Sie steckte die Trompete in eine Tüte aus Luftpolsterfolie mit diesen kleinen Plastikblasen, die beim Draufdrücken so schön knallen. Vorsichtig verstaute er seinen Kauf obenauf im Rucksack. Dann ging es heim.

Noch einmal bläst Lutz' Tochter das Mundstück, schaut ihn dabei an und legt die Trompete zurück in den Folienbeutel. Sie kennt ihre Geschichte, verpackt sie mit all den anderen Dingen vorsichtig im Karton und bindet die Schleife zu. Jetzt ruht sich das kleine Instrument wieder fast ein Jahr lang aus, um dann ein paarmal zu erklingen und am Baum im Licht der vielen Kerzen zu blitzen.

Lutz findet sie schön. Seine Tochter ganz sicher auch.

Der große Stollentest

Marcel ist ein Süßer. Nein, er mag nicht nur Süßes, sondern er sieht auch süß aus. Bianka schaut ihm stets mit verträumten Augen hinterher, aber er scheint sie gar nicht zu bemerken. Jungs eben! Dabei sind sie beide nicht mehr die Jüngsten, findet sie. Mit ihren fünfundzwanzig Jahren waren die „Großen" ihr selbst vor Jahren einfach schon zu alt.

Wie kommt sie an ihn heran? Wie kann sie ihn auf sich aufmerksam machen, ohne sich selbst etwas zu vergeben? Einfach auf ihn zugehen, ihm sagen: „du, ich mag dich", das geht irgendwie nicht. Verfluchte Schüchternheit!

In Gedanken versunken schlendert sie den Seidnitzer Weg entlang, kommt eben vom Bahnhof Reick und will nach Hause. Früher war hier gar nichts, alles ein weites Feld oder eher eine Wiese. Nur drüben neben dem Buckel, da, wo die Reicker Straße in die Mügelner übergeht, da standen einige Häuser, alte Bauerngehöfte, verfallen zwar, doch schön zum Spielen. Und um die Weihnachtszeit steckte irgendwer eine Weihnachtsbaumbeleuchtung an die Tanne im kleinen Park neben Reicker-, Hülße- und Tornaer Straße. Heute stehen überall auf der ehemaligen Brache zwischen Bahndamm und Wohngebiet kleine Firmen. Bald wird der letzte Grashalm verschwunden sein.

Am Sachsenverlag sieht es richtig weihnachtlich aus. Lichter auf den Bäumen, Nussknacker an den Fenstern. Immer noch mit den Gedanken weit fort, überquert sie die Otto-Mohr-Straße.

Plötzlich lautes Klingeln, Quietschen. „Mann, Mädel, pass doch auf!“ Knapp vor ihr stoppt der Radler und schaut sie erst böse, dann verwundert an. „Bianka, du hier?“

Plötzlich ist sie hellwach. „Marcel!“

Der schüttelt nur den Kopf. „Sei froh, dass ich Fahrrad fahre und kein Moped! Was machst du denn hier? Hast du nicht Praktikum?“

Ja, ja, Studium, Praktikum. Die ewige Leier. Sie ist müde. Schließlich ist sie schon seit fünf Uhr auf. Aber Moment mal, woher weiß er von ihrem Praktikum?

„Hängt doch an der Uni aus!“

Und das liest er? Mag er sie doch? Sie schaut ihn einen Moment fragend an, dann wird ihr Blick wieder verschlossen.

„Dumme Pute“, meint sie zu sich. „Zeig ihm, dass du ihn magst und dann kann er es dir auch sagen. Oder eben nicht!“ Nein, sie tut es nicht.

„Hatte schon Schluss. Die Versuche laufen ein paar Tage und heute Morgen sollte was passieren. War eine Luftnummer. Na, ich werde erst mal schlafen gehen. Sorry noch einmal. War wohl in Gedanken. Tschüss!“

In Gedanken. Quatsch! Oder doch? An ihn. Gleich ärgert sie sich wieder … über sich. Weiter, weiter. Nicht stehen bleiben. Nur nicht die Schwache spielen. Das mögen die Kerle doch alle nicht! Gleich erreicht sie den Buckel. Noch ein paar Meter durchs Wohngebiet und sie ist zu Hause.

Kurz vor der Ampel hört sie ein Keuchen hinter sich und plötzlich bremst Marcel neben ihr. „Du sag mal, hast du Lust, an der Verkostung teilzunehmen?“

Dresdner Stollen war und ist ein Exportschlager.
Eine Packerin 1958.

Verkostung? Was ist das denn für eine komische Anmache? Verkostung? Was soll sie denn verkosten? Oder will er sie …?

„Stollen. Dresdner Christstollen. Den Originalen!“

Stollen. Marcel ist ein Süßer. Wusste sie es doch. „Ähm, jaha … wann soll das denn sein, Marcel?“

Zog er jetzt die Augen hoch? Sah nicht so aus. Müsste sie den Termin kennen?

„Morgen Nachmittag. Mein Onkel ist doch in der Jury. Die vergeben da die Siegel und ich darf zuschauen … und kosten.“

„Stollen gibt es doch schon eine Weile. Die testen erst jetzt?" Immer hat sie blöde Ideen. Marcel lädt sie ein und sie fragt solchen Quatsch!

„Na ja, hast recht. Aber die machen eine Qualitätskontrolle. Erst gibt es das Siegel und dann noch eine Überprüfung. Machen die Bäckermeister meist unter sich, so bisschen privat oder so. Genau weiß ich das nicht: Aber der Stollen schmeckt. Und, kommst du mit? Würde mich echt freuen!"

Und sie erst! Morgen Nachmittag. War da etwas? Praktikum. Keine Auswertung. Die ist erst in einer Woche dran. „Ja, ja, ich komme. Wo treffen wir uns?" Bianka weiß, dass Marcel kein Auto hat, doch oft das seines Vaters benutzen darf.

„Ich hole dich ab. Lübbenauer Straße 7. Das stimmt doch, oder? Sagen wir, um drei?"

Er kennt ihre Adresse. Er ... er stalkt sie? Ach was, er sah sie sicher nur mal da aus dem Haus kommen. Wohnt doch auch nicht weit entfernt. Sie nickt ihm zu.

Der kommende Tag vergeht langsam und zäh wie Gummi. Am Vorabend saß sie noch vor dem Laptop, recherchierte im Internet und versuchte, sich ein wenig Grundwissen über den originalen Dresdner Christstollen anzueignen. Richtig schlau fühlte sie sich seither nicht. Das ist eben ein Teiggebäck mit einer Menge Zutaten, zu dem jeder Bäcker seine ganz eigene Rezeptur entwickelte. Vorsichtshalber achtete sie darauf, nichts Süßes zu essen. Wird sicher ein ziemlich, na ja, kalorienreicher Nachmittag ... mit Marcel!

Endlich kann sie gehen. Der Zug kommt pünktlich und sie rennt den Seidnitzer Weg fast bis nach Hause. Umziehen, hübsch machen. Ob er das überhaupt sieht? Sicher! Wäre er allein hingegangen, hätte er eine andere angesprochen? Zweifel sind in ihr.

„Hoppla, so aufgedonnert? Na, wen triffst du denn heute?“ Papa kommt im ungünstigsten Moment. Er bringt den Weihnachtsbaum mit. Ein Kollege wohnt irgendwo bei Radeberg und schneidet da immer mehrere, auch für sie. Hat Tradition.

Aufgedonnert? Wieso aufgedonnert?

„Na, zur Vorlesung geht es sicher nicht. Hast ja Praktikum. Denk dran. In zehn Tagen ist Weihnachten. Schon alle Geschenke beisammen?“

Geschenke, Geschenke. Vielleicht verschenkt sie dieses Jahr Stollen? Nein, das macht sie nicht. Kurzes Nicken, noch ein Blick in den Spiegel und schon klingelt es.

„Kenne ich ihn?“

„Ach, Mann, Papa! Das ist Marcel. Wir gehen zur Stollenverkostung. Nun zufrieden?“

Ihr Alter Herr lacht. „Stollenverkostung. Du? Na, dann lang mal richtig zu. Sonst nimmst du noch mehr ab!“

Immer diese Sprüche! Sie steigt, nein springt die Treppe hinunter.

Marcel kommt ihr auf halbem Wege entgegen. „Hallo!“ Er staunt sie an. Etwas verlegen schaut sie zur Seite, als er ihr einen Kuss auf die Wange haucht. „Komm. Ich habe Papas Auto draußen.“

Sie steigen in den nicht mehr ganz neuen Opel. Marcel ist ein Lieber. Andere Kerle würden behaupten, das Auto gehöre ihnen. Sie fahren in die Stadt. Nach und nach sind immer mehr Lichter zu entdecken. Am Wasaplatz dreht sich die große

Pyramide, vor dem Hauptbahnhof stehen Weihnachtsbäume. Wie es wohl drinnen aussieht? Sie fährt hier nur durch, wenn sie nach Meißen zum Praktikum unterwegs ist, steigt nie aus. Dann biegen sie in die Reitbahnstraße ein, erreichen die Centrum-Galerie.

„Hier?“, fragt Bianka.

„Lass dich überraschen. Nein, nicht hier. Aber in der Nähe!“

Einen Moment lang mustert sie Marcel verstohlen. Was hat er vor, wohin geht es, kann sie ihm vertrauen? Vorbei an den großen Weihnachtsbäumen im Innern der Galerie, dann am festlich geschmückten Karstadthaus in Richtung Altmarkt, denkt sie noch, es geht auf den Striezelmarkt. Doch am Dr.-Külz-Ring biegt Marcel mit ihr in die Altmarktgalerie ab. Warum dahin? Aufwärmen?

„So, gleich sind wir da!“

Im Untergeschoss des großen Einkaufszentrums sieht sie die langen Tische. Überall wird geknetet, geformt, auf Bleche gelegt, in die Öfen gepackt, wieder herausgeholt und bezuckert.

„Na, überrascht?“

Ganz am anderen Ende des langen Ganges sehen sie mehrere Herren in weißer Kleidung und mit hohen Mützen auf dem Kopf.

„Komm, ich stelle dich meinem Onkel vor. Und dann können wir.“

Können sie was? Sie versteht nichts mehr.

„Hier, Onkel Klaus, das ist die Bianka, Bianka, Onkel Klaus!“

Ein Mann, wie man sich einen Bäcker vorstellt. Etwas dicklich, freundlich lächelnd, breite Hände fürs Teigkneten. „Ah, die Bianka. Na, schön! Habt ihr schon eine Nummer?“

Bianka schaut fragend zwischen Onkel Klaus und Marcel hin und her. Der schüttelt den Kopf und erhält zwei Plaketten. „Dann vorn auf das Blech legen. So, nun macht mal los!“

Marcel nickt und zieht Bianka den ganzen langen Gang zurück, schaut sich die einzelnen Stationen an, findet eine, wo kein zu großes Gedränge herrscht und schiebt sie an die dortige Tafel, sich gleich neben sie.

„So, Hände sauber?“

Sie schaut auf ihre Fingernägel. Frisch lackiert.

„Aber nicht angeklebt, oder?“

Sie schüttelt den Kopf. Alles echt.

„Prima! Schmeckt nämlich nicht, wenn man auf so etwas beißt!“ Er zieht einen der vielen Zettel auf dem Tisch zu ihnen heran und zeigt in die Runde. „So, da sind die Zutaten. Hier das Grundrezept. Schau dir alles an und dann wird der Teig gemischt und geknetet. Komm, das dauert eine Weile!“

Bianka braucht Zeit, um zu begreifen, dass Marcel sie veralbert. Keine Verkostung im Sinne des Stollensiegels ist es, die sie besuchen. Eher eine Aktion der Bäckerinnung: Selbst gebackener Dresdner Christstollen. Die Zeit vergeht jedenfalls wie im Fluge. Marcel und Bianka kreieren jeder einen ganz eigenen Stollen, legen noch eine etwas kleinere Kostprobe ihres Teiges dazu und lassen am zeitigen Abend die Rohlinge im Ofen verschwinden.

„So, Hände waschen. Und dann können wir gehen.“

Fragend schaut sie Marcel an.

„Na, das Backen dauert eine Weile. Dann kommt nur noch Zucker drüber und die Jury kostet die Teigprobe. Die Nummern sagen denen, wer welchen verzapft hat … ähm … kreierte. Und die vier Sieger werden noch vor Weihnachten angeschrieben. Aber warte. Für die Teilnahme gibt es einen Stollen. Komm, den holen wir uns bei meinem Onkel ab!"

Onkel Klaus schaut auf die noch mehlig-teigigen Hände der beiden, lächelt über Biankas Blick zu Marcel hinüber und drückt beiden je einen kleinen Karton in die Hand. „Lasst es euch schmecken. Heute in einer Woche geben wir auch noch eure Stollen aus. Da kommt ihr doch?"

Marcel schaut Bianka an und sie nicken gemeinsam. Dann gehen sie sich waschen. Wenig später stehen sie vor der Altmarktgalerie. Marcel schaut hinüber zu den Lichtern des Striezelmarktes. „Also ich habe jetzt Hunger. Du auch?"

Bianka denkt an Krapfen, kandierte Früchte und Zuckerwatte. Vom Süßen hat sie genug. Zu oft gekostet. „Ja, eine Bratwurst, oder? Komm, da hinten gibt es ganz leckere!"

Der Striezelmarkt schließt um zehn Uhr am Abend. Gegen Elf gehen Bianka und Marcel Hand in Hand die Lübbenauer Straße entlang. Viel zu schnell gelangen sie zur Nummer sieben.

„War schön heute, nicht wahr?" Marcel schaut sie an.

Sie kann nicht anders, drückt sich an ihn. „Ja, wirklich. Es war sehr schön, Marcel."

Dann küssen sie sich und verabreden später, viel später, sich am kommenden Nachmittag zu treffen.

„Vielleicht können wir dann zum Stollentest gehen, du Gauner!"

Er lacht, „War doch einer. Und du hast bestanden. Kannst ja nun Stollen backen, oder?"

Drei wunderschöne Tage mit Marcel später liegt ein Brief auf Biankas Schreibtisch. Sie öffnet ihn vorsichtig. Obenauf im Briefkopf prangt das Dresdner Stollensiegel.

„... und vergessen Sie bitte nicht, am kommenden Mittwoch ihren Stollen und Ihren Gewinn abzuholen ...“

Gewinn. Sie kennt so viele Geschichten über Gewinne. Trotzdem. Sie wollte eh hingehen, um ihren fast echten Dresdner Christstollen abzuholen und ihn zu Weihnachten den Eltern zu schenken. Der, den sie mitgebracht hatte, schmeckte ihnen bereits am Wochenende. Bianca freut sich auf jeden neuen Tag. Auch und besonders auf Mittwoch. Egal, ob sie nun wirklich etwas gewinnen würden. Sie geht hin. Zusammen mit Marcel!

Meister auf den zweiten Blick

Weihnachten ist eine schöne Zeit. Weihnachten ist eine schlimme Zeit. Manchmal kann sich Karin gar nicht entscheiden, was sie denken soll. Alle sind zu Hause, es gibt Geschenke und leckeres Essen, sie unternehmen etwas gemeinsam. Das ist schön. Doch in diesem Jahr sieht es fast so aus, als ob der Weihnachtszauber verfliegt. Tante Susanne kommt zu Besuch. Papas Schwester ist nicht komisch, hat keine sechs Finger an einer Hand oder ein drittes Auge mitten auf der Stirn. Sie redet nur immer so viel über ihre Krankheiten. Dabei meint Papa, sie wird uns noch alle überleben.

Nun ist sie allein. Onkel Matthias hatte einen Unfall und sie musste danach in eine kleinere Wohnung ziehen. Zu Weihnachten, meinte Papa, können sie die Tante nicht allein lassen. Als sie davon erfuhr, war Karin eigentlich guter Dinge. Wird es ihr zu viel, geht sie einfach zu ihren Freundinnen spielen. Oder sie macht ihre Zimmertür zu. Doch nun sieht alles anders aus. Karin liegt im Bett. Gerade so kam sie um eine Lungenentzündung herum, muss sich schonen, um keinen, wie Papa es nennt, Rückschlag zu provozieren. Sie … krank … und Tante Susanne kommt, die nur über Krankheiten redet. Na toll! Fröhliche Weihnachten!

Am 23. Dezember darf Karin beim alljährlichen Baumschmücken mithelfen. Auf zehn Jahre Lebenserfahrung könne er nicht verzichten, meint Papa und Mama lacht schallend. Beinahe wäre ihr eine der alten Kugeln aus der Hand gerutscht. Karin fängt sie auf und Papa fühlt sich gleich bestätigt. Dann strahlt der Baum und sie muss ins Bett. Dabei geht es ihr gar nicht so schlecht. Wenn sie aber morgen länger aufbleiben will, muss sie nun schlafen.

Schon um zehn klingelt es an der Tür. Extra zeitig fuhr Tante Susanne zu Hause los, denn sie wollte mithelfen und sich nicht nur an den gedeckten Tisch setzen. Ganz in schwarz ist sie gekleidet. Karin schaut hin und will verschwinden. Mama berichtet von ihrer Krankheit und dass sie viel Ruhe brauche. Scheinbar akzeptiert die Tante das. Nur zum Mittagessen nervt sie ein wenig. Was sie sich denn wünsche, ob sie immer brav war, was gerade in der Schule dran sei und ob sie denn glaube, alles Verpasste wieder aufholen zu können. Klar. Das schafft sie schon.

„So, nun leg dich noch mal hin. Um vier gibt es Kaffeetrinken und dann kommt vielleicht der Weihnachtsmann“, meint Mutti. Karin schaut traurig aus dem Fenster. Schnee. Der fällt seit letzter Nacht. Weiße Weihnacht. Nicht häufig in Dresden. Und sie kann nicht raus. So ein Jammer!

Karins Eltern zogen vor elf Jahren an die Stübelallee. Die Häuser, einst schön, dann etwas verfallen, derzeit in Sanierung, was viel Krach verursacht, haben einen herrlichen

Blick direkt in den Großen Garten, hinüber zum Rodelberg, den man nach dem Laubfall aber nur im Winter sehen kann. Zwischen Häusern und Stadtpark fährt die Straßenbahn. Mit der kann man bis zum Striezelmarkt und noch viel weiter fahren. Karins Schule ist nicht weit entfernt. Sie läuft immer die Comeniusstraße nach Osten und dann am Berthold-Brecht-Platz durch den Striesener Winkel. Schon ist sie da. Für Papa und Mama waren die Geschäfte in der Nähe wichtig. Und die Verkehrsanbindung, wie sie sagen. Karin mag den Großen Garten gegenüber, auch wenn sie dort nicht allein hingehen soll. Der Spielplatz vorn an der Ecke Karcherallee/Stübelallee ist aber ungefährlich. Und jetzt in der Weihnachtszeit, da sind so viele zu Hause, dass sich niemand Sorgen zu machen braucht. Außer ihr. Denn sie ist krank.

Eine Weile hört sie noch Stimmen aus der Stube. Dann konzentriert sie sich auf ihr Buch. Es ist 13:00 Uhr. Eben springt die Anzeige an ihrer Uhr um. Vorsichtig klettert sie aus dem Bett, schaut darunter und vergewissert sich, dass noch alles da ist. Kleine Geschenke sind es. Basteleien eben. Sie ist sich sicher: Papa und Mama werden sich freuen.

Huch, da kommt wer! Schnell alles zurück an seinen Platz und ab ins Bett!

Die Tür geht auf. Tante Susanne. Na, das hätte sie sich denken können. Sie stellt sich schlafend. Schritte sind neben ihr. Dann hört sie die Stimme.

„Na komm, anziehen, Mädel. Komm schon!“

Anziehen? Was soll das denn?

„Ich weiß es doch. Du willst raus, oder?“

Raus? So richtig raus? Gleich reißt Karin die Augen auf.

„Ha, wusste ich es doch! Komm, zieh dich warm an und dann schauen wir mal, wie der Schnee so ist, ja?“

Schnee? Sie darf raus in den Schnee? Mit der Tante? Ach was, man muss nehmen, was man bekommen kann! Schon steht sie vor ihrem Stuhl, zieht sich die darauf liegenden Sachen an, zerrt den Mantel aus dem Schrank, sucht die dicken Stiefel und tappt ganz leise in den Flur. Tante Susanne wartet schon.

„Wo ist dein Schlitten?“

Im Keller! Sie laufen hinunter. Karin ist viel zu aufgeregt, um zu bemerken, dass der Schlitten schon vor dem Kellerverschlag stand und nicht irgendwo drinnen.

Wenig später sind sie draußen. Karin bleibt einen Moment stehen, schaut sich um. Tante Susanne wirkt besorgt. „Alles in Ordnung?“ Sie nickt ihr zu und sie gehen über die verschneite Straße. Autos sind kaum zu sehen. Kein Wunder. Immerhin ist Weihnachten! Dafür hören sie schon von der Ferne lautes Kinderlachen vom Rodelberg. Kaum sind sie im Großen Garten, formt Tante Susanne den ersten Schneeball und schießt auf sie. Na warte!

Eine Weile schießen sie hin und her. Die anderen Kinder schauen erst herüber, ignorieren sie jedoch. Irgendwie schade. Die sind allein da, ohne einen Erwachsenen als Aufsicht. So schlecht ist die Tante ja nicht, aber bei den anderen Kindern kommt sie nicht an. Hoffentlich ist niemand aus ihrer Klasse dabei!

Eine halbe Stunde vergeht, da tun der Tante schon die Arme weh. Toll! Und nun?

„Willst du rodeln?“

Ja, klar. Aber allein den großen Berg hinunter? Sie winkt ab.

„Na, komm schon. Ich habe gerade Lust!“

Tante Susanne? Sie soll mit Tante Susanne rodeln? Na, das kann etwas werden!

Schnaufend und prustend kommen beide auf dem Gipfel an. Eine herrliche Rundsicht hat man von hier. Die Baumwipfel sind mit Schnee bezuckert, die Dächer der nahen Innenstadt auch.

„Da, da hinten ist der Striezelmarkt!“

War, ergänzt Karin für sich. Heute Mittag schloss er. Vorbei. Sie war in diesem Jahr nur einmal dort.

„Na komm, wir rodeln mal!“

Etwas nachdenklich schaut Tante Susanne auf den mehrfach reparierten Schlitten und hinunter zum kleinen Pavillon, der auf der großen Wiese vor dem Rodelberg steht. Vielleicht denkt sie an ihre Kindheit, als sie hier spielte? Papa erzählt, er und seine Schwester wohnten damals auf der Karcherallee in einer ausgebauten Kellerwohnung. Kann sich Karin gar nicht vorstellen. Der Spielplatz vorn an der Ecke existierte noch nicht, der Rodelberg schon.

Tante Susanne winkt plötzlich ab, „Komm, ehe ich es mir anders überlege!“ Ein Junge neben ihnen lacht und zeigt auf die beiden. Karin ist traurig, nein, sogar sauer. Da darf sie mal raus und muss mit der Tante gehen, auch wenn sie gar nicht von Krankheiten gesprochen hat. Kommt sicher noch!

Tante Susanne sitzt auf dem Schlitten, hält den Zugstrick in der Hand und rutscht nach hinten.

„Komm, hier. Und dann ab!“

Karin setzt sich, schaut nach vorn, zur Seite.

„Bahne frei, Kartoffelbrei!“, ruft die Tante

Diesen Spaß lässt sich kein Kind im Winter entgehen.

Oh Gott, wie peinlich! Karin schließt die Augen. Dann wird ihr ganz anders im Magen. Ach, du Schreck! Sie kommen direkt in die Eisbahn! Wie der Blitz sausen sie nach unten, direkt auf den Pavillon zu. Kaum ist der Berg zu Ende, schlittern sie über festgetretenen Schnee, werden trotz ihrer vier links und rechts in den Boden gedrückten Stiefelabsätze nicht wirklich langsamer. Karin spürt, wie ihnen alle Blicke folgen, keiner mehr schreit und alle mucksmäuschenstill sind. Nur die Tante hinter ihr jubelt. Oh Mann, bekommt die gar nichts mehr mit?

Der Pavillon kommt näher. Sie sieht die wenigen Stufen hinauf zu den Säulen, weiß, dass die Steine sicher hart sind, wehtun, wenn man da draufprallt.

„So, halt dich gut fest, Karin!“

Sie ahnt die Worte eher, als dass sie sie hört. Sollten sie nicht lieber abspringen? Plötzlich fühlt sie eine Kurve. Es geht nach rechts, dann gleich wieder nach links und weiter nach links. Karin schließt die Augen. Jeden Moment muss der große Knall kommen. Dann werden sie langsamer. Ausatmen hört sie von ferne, dann ein Johlen und Jubeln. Vorsichtig öffnet sie ihre Augen und fasst nicht, was sie da sieht.

Vor ihnen erhebt sich der jetzt riesig erscheinende Rodelberg. Tante Susanne springt eben auf und tanzt von einem Bein aufs andere. „Ha, ich kann es noch, ich kann es noch. Na, war's toll?"

Was … war … denn … toll …? Karin dreht sich um und sieht deutlich die Spur ihres Schlittens. Keine zehn Meter vor dem Pavillon zog er nach rechts und dann um ihn herum, um zwanzig Meter davor zu halten. Jungs und Mädels kommen auf sie zu, schütteln ihnen die Hände, klopfen Karin auf die Schulter und schauen Tante Susanne fast ehrfurchtsvoll an.

„Tja, so ist das, wenn man mal Bezirksmeister war", raunt ihr die Tante ins Ohr. Bezirksmeister? Tante Susanne? Im Rodeln? Nicken. Oh Mann, wie man sich manchmal täuschen kann!

Nach einer ausgiebigen Schneeballschlacht mit allen Jungs und Mädels auf der großen Wiese vor dem Rodelberg gehen sie wieder nach Hause. Eigentlich will die Tante von ihrer Rodelvergangenheit berichten, aber Papa winkt ab. Hat er wohl diese rasante Fahrt vom Balkon aus gesehen? Er nickt und schaut einen Moment vorwurfsvoll zu seiner Schwester, die gleich den Kopf senkt.

„So, nun aber ab an den Kaffeetisch! Oh, du siehst gar nicht mehr krank aus, Karin. Nur eben … müde, oder?"

Karins Augen strahlen. Natürlich schüttelt sie den Kopf, rührt ihren Kakao um und isst eine Scheibe leckeren Dresdner Christstollen.

„Gegen wie viele muss man eigentlich als Bezirksmeister gewinnen, Tante Susanne?“ Die Antwort bekommt sie gar nicht mehr mit, so schnell landet sie im Traumland und sieht so viele um sie herumstehen, die klatschen.

„Kommt, tragen wir sie auf die Couch. Dann wacht sie direkt vor dem Weihnachtsbaum auf!“, meint Papa. Und Tante Susanne holt einen ganz modernen Rodelschlitten aus ihrem Zimmer. Daran hängt eine riesige Schleife. Den werden sie in den nächsten Tagen gemeinsam einfahren. Ob dann auch wieder jemand klatscht?

Züge rollen immer

Damals wie heute trifft es die Bahn besonders hart, wenn der Winter naht, der Schnee die Weichenheizungen außer Betrieb setzt und die Temperaturen Oberleitungen oder gar Gleise zum Brechen bringen.

Im Herbst 1985 lagen vor Thomas noch einige Wochen bis zur Einberufung zum Wehrdienst. Nach dem erfolgreichen Abschluss der Lehre folgte er einem Aufruf und arbeitete ein halbes Jahr auf dem Rangierbahnhof Dresden-Friedrichstadt. Eine völlig neue Erfahrung, denn dort wurde in einer „rollenden Woche“ gearbeitet, man hatte also alle zwei Tage eine andere Schicht. Ein erst schwer zu verstehender, sich dann jedoch als sehr detailliert herausstellender Schichtplan wies die Schichten der einzelnen Abteilungen genau aus. So wusste er bereits im Oktober, dass es ihn diesmal treffen würde. Nachtschicht am Heiligen Abend,

Dienstbeginn 22:00 Uhr, Dienstende 6:00 Uhr am ersten Weihnachtsfeiertag. Dann wenigstens sollte er zwei Tage frei bekommen.

Natürlich feierte seine Familie trotzdem zu Hause Weihnachten. Thomas stand erst am Nachmittag auf und würde dann eben irgendwann nach der Bescherung und dem traditionellen Abendessen mit Kartoffelsalat und Wiener Würstchen zur Arbeit fahren. Wenn denn eine Straßenbahn fuhr.

Bibbernd stand er an der großen Umstiegshaltestelle Zwinglistraße. Nichts. Seit einer halben Stunde kam keine Straßenbahn. Er schien sogar der Einzige in Dresden-Gruna zu sein, der am Weihnachtsabend auf die Bahn vertraute. Musste er, denn er arbeitete zwar bei einer anderen, aber doch auch bei der Bahn.

Endlich sah er einen Trabi von der Bodenbacher Straße kommend in die Zwinglistraße einbiegen, dann zur Stübelallee blinken. Der würde direkt an Thomas vorbeifahren. Vielleicht konnte ihn der Fahrer bis in die Innenstadt mitnehmen und er fand da hoffentlich bald eine weitere Gelegenheit, um zur Friedrichstraße und damit zum Zugang des Rangierbahnhofs zu kommen? Also winkte er zum Trabi hinüber.

Die Straße war vereist. Es dauerte eine Weile und sah sogar gefährlich aus, bis der Trabi stand. Die Tür ging auf und … Thomas schaute zweimal hin. Doch es blieb dabei. Der Weihnachtsmann stieg aus. „Na, wohin?“, grinste der ihn an. Thomas nannte sein Ziel. „Reicht aber auch, wenn Sie mich irgendwo in der Stadt absetzen“, meinte er, doch der Weihnachtsmann winkte schmunzelnd ab, „Muss noch weiter hinter. Kein Problem. Los, spring rein!“, und schon fuhren sie los.

Kaum verspätet traf Thomas auf dem Rangierberg ein, zog sich um und war der Erste seiner Schicht. Die Kollegen, deren Feierabend begann, warteten und saßen wie auf Kohlen. Verständlich. Immerhin schlugen sie sich den gesamten Weihnachtstag um die Ohren. Er übernahm die Schicht, obwohl er als Helfer nur ein einfacher Langhänger war, wie man die Männer und Frauen bezeichnete, die jene schweren Kupplungen der neu zusammenzustellenden Wagenzüge oder Schleppen auseinanderzudrehen hatten, damit man sie oben am Ablaufberg einfacher auseinanderkuppeln und auf die verschiedenen Gleise verschieben konnte.

Nach einer Stunde kam sein Schichtmeister. Züge rollten in der Heiligen Nacht erst einmal nicht. Zwar drohte man ihnen telefonisch einen für die frühen Morgenstunden an, doch bei den zugefrorenen Fahrleitungen schien das reine Utopie zu sein. Irgendwann nach drei Uhr in der Nacht klingelte das Bereitschaftstelefon. Der Meister nahm ab und lauschte erst, nickte dann. Er drückte Thomas einen Zettel in die Hand, „Gleis sieben. Ist kurz. Könnt ihr gleich alle gehen!“ In Thomas’ Brigade gab es drei Langhänger. Eine Schleppe wäre sicher eine gute Abwechslung beim Warten auf den noch fernen Feierabend. Also wanderten sie gemeinsam los. Auf Gleis sieben stand kein Zug. Was sollte das jetzt? Sie zuckten mit den Schultern, wollten eben umdrehen, als eine kleine Rangierlok mit nur einem Schüttwagen auf sie zukam, vor ihnen bremste und die Lichter löschte.

„Fröhliche Weihnachten!“, rief plötzlich eine Stimme. Dunkel, laut. Dann sahen Thomas und die Kollegen zwei Gesichter am Führerstand der Lok auftauchen. Den Lokführer und den … Weihnachtsmann. Der lachte besonders laut, schlug Thomas gleich auf die Schultern und meinte: „Na, nicht viel los heute, oder? War erst bei den Kollegen drüben im Bahnbetriebswerk und bin nun hier. Los, packt mal mit aus!"

Wenig später saßen der Weihnachtsmann und die gesamte Schicht um eine große Kiste leckerer Apfelsinen. Am Morgen war ein Transportwaggon kaputt gegangen und die Bahnmitarbeiter „retteten" einige Kisten mit den damals für die Dresdner seltenen Früchten, um sie später an die Kollegen zu verteilen.

„Ja, habe auch erst am Nachmittag von meinem Glück erfahren und musste mich mächtig beherrschen, als ich dich traf und du zum Rangierberg wolltest", meinte der Weihnachtsmann. Er war ein Bekannter irgendeines oberen Chefs im Reichsbahnamt in Dresden, der ihn um den nächtlichen Gefallen gebeten hatte. Eine nette Idee.

Der Weihnachtsmann feierte mit allen bis zum Schichtende. Die nächste Kiste für die ihnen folgenden Kollegen stand schon bereit, aber sie würden nicht solch einen Spaß dabei haben. Dafür hatte Thomas an jenem Morgen des 25. Dezembers ein besonderes Privileg: Er durfte mit dem Weihnachtsmann zurück nach Hause fahren. Wofür Zufälle doch manchmal gut sind!

Ein Fettfleck und die Folgen

Sie wohnen schon ewig im Haus. Margarete und Herbert blicken heute auf ein langes Leben zurück. Spannendes erlebten sie und auch Trauriges. Leider bekamen sie nie Kinder und mögen diese doch so sehr. Sie freuen sich, wenn eine junge Familie ins Haus zieht und sie wieder einmal Kinder lärmen hören. An jedem Nikolaus-Morgen stehen vor den Wohnungstüren der Familien Schokoladenweihnachtsmänner und wenn die Post ein Paket bringt, die Empfänger aber gerade nicht da sind, nehmen sie es an.

Vor Weihnachten sieht es im Flur des alten Paares zeitweise wie auf einem kleinen Postamt aus. Viele Geschenke kommen mit den unterschiedlichsten Versanddiensten und die meisten Paketboten wissen schon, wo sie klingeln müssen, öffnet der eigentliche Empfänger nicht. Ja, manche der Nachbarn sind ungehalten, wenn sie mit ihrer Benachrichtigung vor der Tür des alten Ehepaares stehen, klingeln und keiner ist da. Hin und wieder müssen auch sie einkaufen gehen oder werden von Bekannten zum Kaffeetrinken eingeladen. Sie sehen über die mürrischen Gesichter hinweg.

Es ist Mitte Dezember. Herbert kann endlich wieder laufen. Es war ihm immer schwerer gefallen und im Herbst wurde ihm darum eine künstliche Hüfte eingesetzt. Alles ist in Ordnung, nur schonen soll er sich noch ein wenig, nicht zu schwer tragen, keine langen Wanderungen unternehmen. Gegen einen Stadtausflug auf die Weihnachtsmärkte zwischen Albertplatz und Hauptbahnhof haben die Ärzte jedoch nichts.

Margarete steuert ihren kleinen Corsa in die Innenstadt und parkt unweit des Elbufers. Ihr erstes Ziel an diesem Tag ist die Dreikönigskirche zwischen Haupt- und Königstraße. Dort singt heute ein Kinderchor und sie hören die alten Lieder so gern. Besonders, wenn sie von Kindern gesungen werden. An diesem Nachmittag, mitten in der Adventszeit, füllt sich das rekonstruierte Kirchenschiff schnell. Margarete und Herbert sitzen in der dritten Reihe. Vor ihnen nimmt der Chor, die Dresdner Spatzen, Aufstellung. Immer wieder schweifen die Blicke der beiden Alten über die Kindergesichter. Margaretes Blick bleibt plötzlich an einem Mädchengesicht hängen. Gleich stößt sie Herbert neben sich an, „Du, das ist doch die kleine Anne, aus der Dritten, oder?“ Er muss die Brille aufsetzen, schaut nach vorn und nickt bald. Dann winken sie dem Mädchen.

Erst bekommt es Anne gar nicht mit. Dann erkennt sie die beiden Alten und will am liebsten im Boden versinken. Ihr gefällt deren Art nicht. Wenn Mutti die Schlüssel zum Blumengießen entgegennimmt, klingeln sie meist zur unpassendsten Zeit. Und wenn sie aus einem ihrer vielen Urlaube zurückkommen und ihr etwas mitbringen, dann ist das doch meist kindischer Kram. Mutti sagt ihr zwar immer wieder, dass die beiden es nicht besser wissen können, aber das ändert nichts: Sie kann diese Leute nicht leiden.

Das Konzert beginnt. Anne konzentriert sich auf die Lieder. Weiter hinten bemerkte sie Mutti. Papa kommt mitten im Konzert, ist aber leise. Er schaffte es wohl nicht eher. Aber er kam. Das allein zählt für sie.

Die beiden Alten aus dem Haus, deren Namen sie sich nicht merken kann oder will, klatschen besonders laut. Wie peinlich! Zum Glück bekommt niemand anderer mit, dass die sie ständig anschauen. Nur noch „Stille Nacht, Heilige Nacht“

und sie haben es geschafft. Anstrengend. Noch zwei Konzerte liegen vor dem Chor, ehe es in die Weihnachtsferien geht. Margarete hat Tränen in den Augen. „So ein gutes Kind. Und singen kann sie!“ Herbert nickt dazu. Dann ist das Klatschen vorbei und sie wollen die Kirche verlassen.

Schnell zieht sich Anne um und packt sorgfältig ihre Sachen zusammen. Der Chor trägt einheitliche Kleidung, die war teuer, der darf nichts passieren, gerade vor den letzten Konzerten. Dann läuft sie nach draußen, vor die Kirche. Mutti und Papa warten sicher schon und dann gehen sie noch auf den Striezelmarkt. Trotzdem ist sie müde. Schnell läuft sie durch die leeren Stuhlreihen und durch die Kirchentür nach draußen. Ach, du Schreck! Da stehen doch diese beiden Alten bei Papa und Mutti! So ein Mist! Sie geht langsamer. Vielleicht verabschieden die sich gleich? Nein, jetzt haben sie Anne entdeckt und winken ihr zu. Hingehen muss sie. Es geht nun mal nicht anders.

„Oh, habt ihr aber schön gesungen, Anne! Na, das ist toll! Ach ja, die Weihnachtszeit ist eben nichts ohne die schönen alten Lieder, oder? Und man muss was naschen. Hast du Appetit?“

Mutti nickt ihr aufmunternd zu. Papa unterhält sich mit dem alten Mann. Der soll mal ein Lehrer gewesen ein oder so etwas. Das macht ihn ihr nicht gerade unbedingt sympathischer! „Komm, da drüben ist ein schöner Stand“, meint die alte Frau. Bekommt sie jetzt wieder diesen klebrigen Türkischen Honig, den sie gar nicht mag und den die beiden ihr mitbringen, wenn sie in der Türkei waren? Nein, sie gehen alle fünf zu den Buden auf der Hauptstraße. In der Ferne sieht sie den Goldenen Reiter, den Schlossturm und davor viele Menschen.

Sehr beliebt, Weihnachtspakete aus dem Westen.

„Hier, Kräppelchen. Die schmecken immer!"

Anne bedankt sich brav, weil Mutti sie anschaut und kostet. Lecker. Aber irgendwie hat sie keinen Hunger.

„Kannst den Rest ja mitnehmen", meint die Frau, die von Mutti schon vertraut „Margarete" genannt wird. Gut, denkt sich Anne. Dann nehme ich den Rest mit. Schon stopft sie die Tüte in ihre große Tasche. Die Großen trinken Glühwein. Dann gehen sie in Richtung Elbe.

„Pass auf, dass die nicht fetten", meint Frau Margarete noch.

Eben wollen sie sich trennen und Mutti und Papa mit Anne nach Hause fahren, weil sie müde ist, als Anne einen Schreck bekommt. „Fett!" Sie reißt die Tüte mit den Kräppelchen aus der Tasche, schaut auf ihre Sängerkleidung. Oh Gott, ein großer, hässlicher Fleck ist da in der Mitte. Gleich kommen ihr die Tränen und Mutti weiß gar nicht, was sie tun soll.

„Was ist denn, Mädchen?“, fragt Margarete und schaut auf die Tüte und den Fleck. „Oh, das ist nicht schön! Na, bekommen wir sicher wieder hin. Warte, wir haben das Auto gleich da vorn. Wollt ihr alle mitfahren? Wann ist denn das nächste Konzert? In drei Tagen? Das reicht sicher! Komm, Herbert. Auf den Striezelmarkt können wir auch morgen noch gehen!“

Herbert ist nicht begeistert, fügt sich aber und gemeinsam quetschen sie sich zu fünft in den kleinen Corsa.

Zu Hause angekommen, fragt Margarete: „Willst du zuschauen, Anne?“ Das Mädchen, erst zurückhaltend, nickt nun und kommt mit nach oben. Um Entschuldigung bittend, zeigt die alte Frau auf die vielen Pakete im Flur. „Ja, ja, die liebe Post. Und nie ist jemand da. Arbeit, nur noch Arbeit. Komm, jetzt bringen wir das erst einmal in Ordnung!“

Es dauert nicht lange. Eine Tüte mit Kartoffelmehl steht auf dem Tisch neben der Badewanne. Dick bestreut Margarete den Fleck, lässt die Stärke der Kartoffel wirken, während Herbert Tee kocht. Vorsichtig bürstet sie das Kleidungsstück und wenig später meint sie: „Nun sollte es reichen. Wir lassen das trocknen und schauen mal, ja?“

Anne nickt und fällt der alten Frau um den Hals, als sie nach einer Stunde weiß, dass nicht einmal ein kaum sichtbarer Rand zurückblieb. Sie schimpft sich ein wenig aus. Klar, es war ihre eigene Schuld. Und diese Frau Margarete ist so nett!

Am 27. Dezember, aller Weihnachtsstress ist längst überstanden und ein wenig Ruhe zieht ins Haus und in die Herzen ein, da macht sich Anne ganz fein, zieht ihr Chorkleid an und stellt den Notenständer auf. Mutti deckt eben den Kaffeetisch.

Sie wundert sich, denn Anne trägt eine Kette, die bisher ganz hinten in ihrem Schieber lag. Die brachten die alten Nachbarn von einer Reise nach Zypern mit. Anne kümmert sich nicht um die Blicke, holt das kleine Päckchen aus ihrem Zimmer und wartet darauf, dass es klingelt.

Wenig später sitzen Margarete und Herbert auf der Couch, essen Stollen und freuen sich über die CD mit Liedern der „Dresdner Spatzen". Von jedem hat Anne ihnen ein Autogramm besorgt. Und nun singt sie eine halbe Stunde lang viele der darauf enthaltenen Lieder für die beiden alten Leutchen. Es ist ein wunderschöner Abend und der Beginn einer noch viel schöneren Freundschaft im Haus.

Die Frauenkirche und Judith und Dirk

Judith geht es gut. Die Trennung von ihrem Freund gleich nach dem völlig verkorksten Sommerurlaub hat sie inzwischen überwunden. Vielleicht, sagt sie sich, war es gut so. Zu lange schon machte jeder, was er wollte. Nur gemeinsam stellten sie nichts mehr auf die Beine. Und doch verzichteten sie auf einiges, was für sie früher ganz natürlich, also Tradition war.

Vor ein paar Tagen traf sie sich mit Kollegen auf dem Neumarkt. Die Geschmäcker sind halt verschieden, meinte ihr Chef. Dem einen gefällt der Striezelmarkt, dem anderen einer der vielen anderen Weihnachtsmärkte und dann gibt es noch welche, die mit all dem Trubel vor Weihnachten wenig anfangen können. Judith ist kein Weihnachtsmuffel. Sie mag die Heimlichkeiten, die besinnlichen Stunden, das Zusammentreffen der ganzen Familie.

Familie. Ihre Eltern wird sie sicher besuchen. Endlich einmal wieder. Der letzte Besuch ist ein halbes, wenn nicht ein Dreivierteljahr her. Vor der Trennung? Ja, auf jeden Fall. Gleich greift sie zum Telefon. Papa nimmt ab. Seine Stimme altert nicht. Er selbst? Sie lauscht seinen Worten nach.

„Natürlich, wir freuen uns, wenn du kommst, Judith. Wir sind auch allein. Dein Bruder hat irgendeine wichtige Dienstreise und Marthas Onkel liegt im Krankenhaus. Ob der es noch bis Weihnachten schafft, wieder rauszukommen? Keine Ahnung. Wie läuft es denn bei dir?“ Stockend erzählt sie, hört sich die Predigten ihres Vaters an und blättert etwas geistesabwesend in der Zeitung. Da sieht sie die Anzeige. Groß, schön gestaltet. Weihnachtliche Vesper an der Frauenkirche – der größte Open-Air-Gottesdienst Deutschlands, ein Erlebnis für jeden. Da wollte sie schon immer mal hin. Es ergab sich nie. Leider!

„Pass auf, ich komme aber erst am 24. Dezember. Vorher will ich noch an die Frauenkirche!“

Noch einen Glühwein, sagt sie sich. Nur einen. Der Weihnachtsmarkt auf dem Neumarkt darf nun doch bis zum 24. öffnen, denn man legte ihn dieses Jahr endlich so an, dass er die Vesper nicht stören kann. Sie spürt die Wärme des Getränks, schaut zu den vielen Pärchen, aber auch Familien, die vor die große Bühne ziehen, auf der später der Ministerpräsident, der Landesbischof und andere sprechen, namhafte Künstler spielen und singen werden. Fernsehkameras sind da. Sie filmen die Frauenkirche, die Buden um sie herum.

Sie kannte mal einen Kameramann. War er damals noch nicht. Dirk. Ein lustiger Typ. Er drückte mit ihr die Schulbank und sie gingen ein paar Monate zusammen. Dann studierte er in Leipzig, später in Berlin. Sie verloren sich aus den Augen. Nein, falsch. Sie war schuld. Er schrieb ihr, wollte sie auch besuchen, aber sie hatte etwas gegen Fernbeziehungen. Dumm? Vielleicht. Wie würde der heute aussehen? Manchmal liest sie seinen Namen. Reportagen filmt er, soll auch schon Regie geführt haben. Kein Überflieger, aber ein solider Kerl. Zumindest, wenn man seine Arbeiten sieht. Sie trinkt noch ein paar Schlucke. Immer mehr Menschen kommen zusammen. Die Bühne kann sie nur noch schwer erkennen. Langsam sollte sie sich ins Gedränge stürzen.

Wie war das damals? Friedensgebet vor der Ruine der Kirche. Ein Jahr vor Beginn des Wiederaufbaus. Dirk stand neben ihr. Es waren herrliche Tage. Warum denkt sie gerade jetzt an ihn? Wieder ist da eine der Kameras. Nein, sie mag nicht, wenn man sie direkt filmt. Sie wedelt mit den Armen herum. Der Mann mit der Kamera spricht mit irgendwem und dreht nicht ab. Frechheit! Hat man nicht einmal hier im Gedränge seine Ruhe? Sie schnappt sich die leere Glühweintasse und geht zum Stand, um sie zurückzugeben.

Plötzlich hört sie ihren Namen. „Judith? Judith!“

Sie dreht sich um und schaut in ein bärtiges Gesicht. Diese Augen, die kennt sie. Oh Mann, ja, die kennt sie wirklich! „Dirk!“, schreit sie auf, schaut gleich erschrocken um sich, doch kaum jemand nimmt Notiz davon, denn eben beginnt die Vesper, sind erste Stimmen zu hören.

Judith und Dirk gehen etwas abseits, stehen vor einem blauen Wagen mit der lustig-bunten Werbung eines Fernsehsenders daran.

„Dein Arbeitsplatz?“, fragt sie ihn und er nickt.

„Und was machst du so? Allein hier?“

Sie reden lange miteinander. Drüben auf der Bühne spricht der Ministerpräsident vom Gefühl, gemeinsam etwas zu erreichen, das man doch nie schaffen kann, ohne sich zu kennen, anzusprechen, aufeinander zuzugehen. Zwar dringen diese Worte nur wie von fern zu ihnen, doch sie bleiben haften.

„Dirk, hallo, Dirk!“ Sie hört den Ruf, schaut sich um. Er lacht und zeigt auf sein linkes Ohr. Dann drückt er irgendeinen Knopf an seinem Headset und antwortet. Regieanweisungen. Und plötzlich steht der Mann von vorhin vor ihnen, hält mit der Kamera direkt auf sie. „Ach komm, Holger, nicht jetzt, ja?“

Alle drei lachen und der Kameramann verzieht sich. Professor Güttler spielt eben auf seiner Bachtrompete und bald singen Tausende auf dem Neumarkt die alten Lieder. Auch Dirk und Judith, die untergehakt am Regiewagen lehnen. Sie weiß inzwischen, dass er allein ist. Wie sie. Zu viele Differenzen. Vielleicht auch zu oft unterwegs. Denkt sie an eine Zukunft? Nein, eher an die kommenden Tage.

„Und, was machst du über Weihnachten? Ich habe endlich mal frei. War ganz schöner Stress, die ganzen Reportagen. Ausspannen. Das wird sicher schön.“

Sie schluckt, dann greift sie zum Telefon und wählt die vertraute Nummer. Irgendwo hinter Meißen klingelt es. Nein, nicht irgendwo. Im Hause ihrer Eltern. Dirk schaut derweil auf dem Überwachungsmonitor nach dem Rechten. „Hallo Judith! Mann, weißt du, dass du eben im Fernsehen warst? Und der junge Mann, war das nicht der Dirk?“ Verblüfft schaut sie zu Dirk hinüber. Dann druckst sie herum. „Du, Papa, ich weiß nicht, ob ich ..." – „Ach was, Judith, komm her. Und wenn er Zeit hat, bring ihn mit, ja?" Ihn ... mitbringen? Sie weiß nicht, lässt es offen. „Gut, dann ruf morgen noch einmal an. Oder kommt einfach!" Sie verspricht, sich zu melden.

Später, als sich der Neumarkt langsam leert und die letzten Händler ihre Buden schließen, lehnt sie sich an ihn. Seine Kollegen winken ab, als er sie beim Abbau unterstützen will. Er nickt ihnen dankbar zu. Judith schaut ihn an, meint: „Du, Dirk, ich weiß, das ist sicher verrückt. Aber, na ja, ähm, könntest du dir vorstellen, morgen mit zu meinen Eltern zu kommen?"

Peinlich ist es ihr. Oder noch mehr? Trotzdem. Sie ist der Typ, der irgendwann einmal geradeheraus reden muss. Sonst hätte sie sich vermutlich nie getrennt. Dirk schaut sie an, zieht sie an sich und sie küssen sich lange und innig. In diesem Moment weiß sie, dass sich in ihrem Leben etwas verändert. Und eigentlich wollte sie nur zur Frauenkirche.

Sei bitte pünktlich!

Immer drängt die Zeit. Er kann machen, was er will. Nie ist sein Leben wirklich planbar. Dass Monika dieses Durcheinander nicht mag, versteht er nur zu gut. Aber als freier Handelsvertreter kann er sich keine geregelten Arbeitszeiten und erst recht keine geplanten Ferien leisten. Dazu laufen die Geschäfte einfach zu schlecht.

Aufgeben? Was? Die Arbeit, die Familie? Nein, er ist einer, der klammert. Dabei meinte schon seine Mutter: „Peter, du musst dich entscheiden. Monika ist eine liebe Frau, aber alles kann auch sie nicht ertragen."

Er wollte es beherzigen. Dabei kann sich Monika, die im Gesundheitswesen tätig ist, keineswegs über zu wenig Arbeit beklagen. Dazu noch die vielen Schichten ... So stolz war sie, als ihre Chefin ihr den Weihnachtsurlaub genehmigte. Und dann kam er mit dieser einen, letzten Fahrt nach Norden. Als wenn das nicht bis zum nächsten Jahr Zeit hätte, meint sie. Dabei hatte es keine Zeit. Entweder jetzt mit ihm oder später ohne ihn. So sehen das sogar langjährige Kunden. Der Preis macht das Rennen. Ist er zu teuer, erwartet man Service. Und der besteht in sofortigem Sich-Kümmern.

Eben fährt er an Prenzlau vorbei, wechselt wenig später auf die A 11. Noch ein gutes Stück bis Berlin, um den Ring und weiter nach Süden. Die Uhr im Cockpit seines viel zu teuren Autos zeigt zwölf Uhr, High Noon. Wenn alles gut geht, ist er in drei Stunden zu Hause. Bei seinem Pech geht aber sicher nicht alles gut!

Vor einer Woche holten Monika und er den Baum. Diesmal fuhren sie bis Sebnitz und weiter in den Wald. Der Sachsenforst veranstaltet jedes Jahr Tage, an denen man seinen Baum selbst aussuchen und schneiden darf. Nun steht der im Keller. Nein, falsch. Er steckte ihn in den Ständer und stellte ihn auf die Veranda. Monika wollte ihn schmücken. Und gestern sollte noch Frieder kommen, ihr Sohn. Vielleicht mit seiner neuen Freundin. Plätzchen wollten sie backen, die Innenstadt besuchen, vielleicht zur Vesper an der Frauenkirche gehen, Stollen kaufen, letzte Geschenke einpacken. Er sieht all das vor sich.

Huch, das war knapp! Der Lkw blinkt schon die ganze Zeit und er wollte trotzdem vorbei. Sind auch nur arme Kerle, wenn sie um diese Zeit noch fahren. Er grüßt später beim Vorbeifahren. Der Trucker hupt zurück.

Es ist seine Aufgabe, den Herrnhuter Stern zusammenzusetzen, ihn in der Veranda aufzuhängen. Etliche Male hat er ihn in den vergangenen Jahren geklebt. Einen neuen kaufen? Ja, sicher, das könnte man. Doch unter ihm küssten sie sich das erste Mal. Lange her, meint er besonders, wenn er Frieder anschaut. Der Junge ist groß geworden, hat eine Freundin. Es dauert sicher nicht lange, und sie gründen eine eigene kleine Familie. Dann wird er Opa. Opa, er? So alt fühlt er sich gar nicht.

Im Radio sucht er einen gescheiten Sender. Weihnachtslieder werden gespielt. Digitalradio macht es möglich. Er bekommt bereits den MDR herein. Grünäuglein erzählt eben etwas und Wichtel Willi hofft, der Weihnachtsmann schafft es bis zu ihnen. Seit seiner Kindheit begleiten ihn die beiden am Weihnachtsabend.

Schafft er es, pünktlich zu Hause anzukommen? Es wird immer kälter draußen und plötzlich hört er den warnenden Gong. Bodenfrost. Das fehlt ihm gerade noch! Er bremst etwas ab, stellt den Tempomat auf einhundertfünfzig. Immer noch schnell. Das Navigationsgerät zeigt einen kleinen Stau bei Senftenberg. Bis er dort ist, ist der sicher schon vorbei und hat sich aufgelöst.

Er wählt die Nummer. Monika hebt ab.

„Ja, bin unterwegs. Hoffe, es bis 16:00 Uhr zu schaffen. Und wie ist es bei euch?“

Er lauscht der leisen Musik. Monika erzählt von Frieder und seiner Freundin. Liebes Mädel. Sie waren rodeln. Nein, Monika nicht. Aber Frieder und Conny. Mit seinem alten Schlitten die Gasse gleich neben ihrem Haus herunter. Liegt denn Schnee? Ja, noch genug, meint Monika. Er beneidet sie. Nun gut, dafür konnte er noch zwei Abschlüsse machen. Der Januar scheint gerettet. Was dann wird, steht in den Sternen. Sie will es gar nicht hören.

Lautes Hupen reißt ihn aus seinen Gedanken. Er bremst, schert vorsichtig aus. Der Wagen hält zum Glück die Spur. Ist er etwa eingenickt? Er erinnert sich an die Pyramide. Groß wie sie ist, steht sie seit vielen Jahren auf dem Wasaplatz in Dresden. Pünktlich zu jedem 1. Advent wird sie angeschoben. Ein kleines Volksfest und doch fernab vom Striezelmarkt in der Innenstadt. Er findet es aber schön in Strehlen. Alte Gründerzeithäuser, kleine Gaststätten, Läden, in denen man den Inhaber noch kennt, nicht weit zum Großen Garten. Zu Silvester wandern sie den Berg hinauf nach Zschertnitz und schauen sich das Feuerwerk über Dresden an. Er liebt seine Stadt, auch wenn er oft unterwegs ist, unterwegs sein muss. Oder nicht? Etwas anderes kann er nicht.

Auf der A 13 wird es richtig glatt. Vor ihm rollt langsam ein Streuwagen des Winterdienstes. Seine Scheibenwischer schaffen den aufgeschleuderten Sand und das Salz kaum, das sich sicher bald in den Lack seines Wagens fressen wird. Egal. Ihn nervt nur diese Langsamkeit. Kaum achtzig fahren sie. Nur mit viel Glück schafft er es noch bis zum Kaffeetrinken. Verflixt aber auch! Warum passiert das immer ihm? Es ist schon kaum mehr jemand auf der Piste. Mal von dem Winterdienstler vor ihm abgesehen. Er fährt an Lübbenau vorbei und rollt auf Senftenberg zu. Er wusste es. Der Stau von vorhin ist fort.

Im Radio läuft „Stille Nacht“ und der Sprecher wünscht ein Frohes Fest, verabschiedet die Kinder an den Weihnachtsmann. Plötzlich vor ihm rote Lichter. Er bremst. Erst scheint nichts zu wirken, dann rattert das ABS laut vor sich hin und sein Wagen kommt zum Stehen. Hinter ihm ist kein Scheinwerfer zu sehen. Vor ihm nur dieses eine Auto, das in der Leitplanke steckt. Gleiche Farbe, wie sein Wagen. Nur eine andere Marke und Größe. Er vergewissert sich, niemanden übersehen zu haben, fährt ganz nach rechts auf den breiten Standstreifen, lässt die Warnblinker weiterblinken, steigt aus und läuft quer über die Bahn zum Unfallwagen. Kreuzgefährlich! Wie soll er aber sonst hinkommen?

Auf dem Fahrersitz sieht er eine junge Frau, hinter ihr ein Kleinkind im Kindersitz, auf dem Beifahrersitz und im Fußraum liegt ein Stoß durcheinandergewirbelter Geschenke.

„Hallo, hallo, geht es Ihnen gut?"

Immer wieder dreht er sich um, schaut zurück. Nichts. Kein Scheinwerfer. Auch auf der Gegenbahn. Niemand da. Er ist allein mit diesem Unfallwagen. Die Frau stöhnt. Das Kind beginnt zu wimmern. Sicher ist es ihm kalt, denn fast alle Scheiben im Wagen sind geborsten. Vorhin zeigte die Temperaturanzeige in seinem Cockpit minus drei Grad.

„Ich … ich … kann meine Beine … meine Beine nicht … nicht bewegen …", meint die Frau. Mühsam hält sie ihren Kopf nach oben. Dann überkommt es sie. „Nicole, wie geht es … geht es meiner Nicole gut?" Die weint zwar leise, ist nun aber mit einer dicken Decke aus dem Kofferraum des Unfallwagens bedeckt. Eben versucht Peter, auch der jungen Frau eine Decke umzulegen. Irgendwann klappt es.

„Alles in Ordnung. Ich hole Hilfe, ja?"

Er will einen Schritt zurücktreten, doch sie hält ihn plötzlich fest. „Gehen Sie nicht weg, ja? Bitte!" Er fingert sein Handy hervor, wählt den Notruf. Anhand der Ortung kann man seine Position bestimmen. Er hält die Hand der jungen Frau, streichelt Nicole im Kindersitz und spürt, dass nicht viel Zeit bleibt … für die Frau. Alles andere ist ihm jetzt egal.

Wenig später wird es laut über ihm. Ein Rettungshubschrauber kommt. Auf der Autobahn tauchen Polizeiwagen auf, die die Straße absperren. Dann landet das Notfallteam. Feuerwehr und Krankenwagen, noch ein Notarzt und der ADAC rücken in kürzester Zeit an, schneiden die junge Frau aus dem Wagen. Ein Fernsehteam filmt aus einiger Entfernung den Einsatz. „Frohes Fest“, murmelt Peter und denkt das erste Mal wieder an zu Hause. Er muss anrufen. Doch sein Handyakku ist leer. Er vertagt es auf den Moment, da man ihn nicht mehr braucht und er in seinem Wagen telefonieren kann.

Nach gut einer Stunde kommt der Notarzt in Begleitung eines Polizisten auf ihn zu. „Die Frau kommt durch. War wohl mehr ein Schock, dazu noch einige Quetschungen. Bloß gut, dass Sie zufällig vorbeikamen! War ja sonst niemand hier.“ Erst jetzt fällt Peter auf, dass sich gar kein Stau gebildet hat. Weiter hinten stehen nur zwei Autos, die an der Unfallstelle vorbeigeleitet werden. Der Polizist bedankt sich ebenso bei ihm. Ja, denkt Peter. Eine gute Tat. Hoffentlich sieht das Monika auch so!

Erst nach acht kommt er zu Hause an. Er sieht den erleuchteten Baum hinter den Verandafenstern, erkennt ein paar Schatten. Sie feiern. Ob sie ihn überhaupt dabei haben wollen, so spät, wie er kommt? Er öffnet die Tiefgarage, fährt hinunter, lässt das Tor zugleiten, greift nach seiner Aktentasche, dem Mantel und geht zur Treppe. Das Licht schaltet sich ein.

„Peter!“

Monika rennt auf ihn zu, stolpert fast auf den letzten Stufen, fällt ihm um den Hals. „Wir haben alles im Fernsehen gesehen und die haben uns auch informiert. Geht es der Frau und dem Kind gut?“ Er nickt nur und küsst seine Frau. „Fröhliche Weihnachten, Schatz. Ich bin fast pünktlich.“

Weihnachtslieder im Stollen

Es ist kurz vor Weihnachten. Rudolf ist auf dem Wege in die Sächsische Schweiz, fährt zum Marie-Luise-Stolln in Berggießhübel, um an einer traditionellen Mettenschicht teilzunehmen. Was ist eine Mettenschicht? Die letzte Einfahrt der Bergleute vor dem Weihnachtsfest, während der im Bergbau die Arbeit ruht. Erst kam die Arbeit und dann saßen der Steiger und seine Männer einen Moment beisammen, aßen vom mitgebrachten Brot, tranken einen Schluck und gedachten der im Berg Gebliebenen. Die Männer freuten sich auf daheim und das Fest. Dresden wäre ohne die jahrhundertealte Bergbautradition zwischen Sächsischer Schweiz und Erzgebirge nie zu einer so schönen und bedeutenden Stadt geworden. Freiberger Silber und viele andere Erze waren es, die die Wettiner einst nach der Macht greifen ließen.

Rudolf war von seinem Bekannten Hans gefragt worden, ob er Lust hätte, in den kommenden Jahren während der Weihnachtszeit im Stollen mitzusingen. Er sagte gern zu und wollte sich solch eine Fahrt zunächst einmal anschauen und vor allem anhören. Schon im Besucherzentrum umfängt ihn weihnachtliche Stimmung. Christbäume, Nussknacker und

Bergmänner schmücken den Raum, Bilder alter Einfahrten, Werkzeuge des Bergbaus und Steine mit Quarzablagerungen zeigen, dass sich unter dem Gebäude ein Bergwerk befindet. Heute freilich nur noch für Besucher, als Ruhe- und Heilstollen und für Musikveranstaltungen in Betrieb, baute man hier vom dreizehnten bis zum Beginn des zwanzigsten Jahrhunderts verschiedene Erze ab. Hans empfängt ihn in Bergmannskluft und Rudolf erhält einen Schutzhelm und eine Lampe für den langen Weg vom Mundloch bis zum unterirdischen See am Mutter-Gottes-Lager.

Nach und nach sammeln sich die Besucher und schließlich fahren sie ein, denn die Sänger müssen im Berg sein, bevor die Besucher kommen. Immerhin ist eine Mettenschicht heute nicht nur ein freudiges Beisammensitzen, sondern wird umrahmt von zünftiger Hausmannskost und Glühwein, im Stollen ist es kühl. Nach vielen Hundert Schritten in teils gebückter Haltung erreichen Rudolf und Hans das Mutter-Gottes-Lager, eine mehretagig gewachsene Grotte, an deren Breitseite sich ein ziemlich tiefer See mit herrlich klarem und kaltem Wasser befindet.

Die Vorbereitungen laufen bereits. Tische für etwa 60 Personen sind gedeckt worden, Erbssuppe und Kartoffelsalat werden ausgegeben und die Glühweintassen stehen bereit. Wenig später füllen sich die Tische auf den verschiedenen Etagen und nach einer Begrüßung und erstem Essen beginnt das Programm, das Hans und der Organist Bernd, der die Lieder am Keyboard begleiten wird, abgestimmt haben.

Das Steigerlied, die Hymne der Bergleute, wird gleich zu Beginn gesungen. Später folgen verschiedene alte Weihnachtslieder und Rudolf wundert sich, wie viele der Liedtexte ihm wieder einfallen. Liegt es vielleicht an seiner Großmutter, einer alten Dresdnerin und verliebt in die Weihnacht, die jedes Jahr bereits lange vor dem Fest mit ihm und seinen Geschwistern begann, die Texte zu üben, damit sie am Tannenbaum und vorm Weihnachtsmann nicht etwa kläglich versagten? Seine Großmutter war Kindergärtnerin und arbeitete bis ins hohe Alter gern in ihrem Beruf. Selbst mit neunzig Jahren war sie noch textsicher und besaß eine glockenreine Stimme. Bei ihr lernte er die Liebe zur Musik, zum schönen Wort, zum Gesang und zur Kunst und ist ihr heute noch dankbar für die manchmal strafenden Blicke, wenn er wieder einmal in der dritte Strophe von „Oh Tannenbaum" falsch sang, den Text vergaß, eben nicht richtig Bescheid wusste.

„Rudolf, komm doch mal nach vorn!", unterbricht Hans den kurzen gedanklichen Ausflug Rudolfs in die Weihnachtszeit seiner Kindheit und Jugend.

„Wir werden jetzt einmal gemeinsam singen", meint Hans und schon hält Rudolf ein Blatt mit einem Text in der Hand. „Oh Du Fröhliche" steht darauf und Bernd beginnt sein Keyboardspiel. Wenig später singen die drei gemeinsam und sechzig Gäste, noch nicht zu sehr glühweinselig, hören zu oder singen aus voller oder auch leiser Kehle mit. Der Klang des Berges um sie herum, die Atmosphäre und der See im Hintergrund, all das ist so herrlich, dass es Rudolf heiß und kalt den Rücken herunterläuft. Noch viele Lieder singen sie an jenem Abend und nicht nur die Besucher wirken einen Moment lang traurig, als es ans Ausfahren geht. Bald stehen alle im Besucherzentrum.

„Na, war das was?", fragte Hans Rudolf und der kann nur nicken. Ja, so ein Erlebnis ist schön. Dabei zu sein, ist das eine. Selbst mitgestalten zu dürfen, etwas ganz anderes.

Vielleicht, sagt Hans ihm zum Abschied, arbeiten sie in der nächsten Weihnachtszeit zusammen im Berg? Ja, das wäre schön.

Auf der Heimfahrt zurück nach Dresden geht ihm vieles durch den Kopf. Er denkt an vergangene Weihnachtsfeste, den Gesang und dass Weihnachten eben doch mehr ist, als nur ein Fest der Geschenke und Lichter. Es bedeutet etwas. Sicher für jeden etwas anderes. Für Rudolf an jenem Abend auf jeden Fall Dankbarkeit. Dankbarkeit auch gegenüber seiner Großmutter, die ihm so viele Dinge beibrachte, wie eben die alten Weihnachtsliedtexte. „Danke, Oma", denkt er, „wo auch immer du jetzt bist, danke für all die schönen Weihnachtsfeste mit dir!"

Der Weihnachtsbaum im Waldpark

Renates Rücken schmerzt. Gertraude, ihre Nachbarin im Seniorenheim, meint zu ihr, sie solle lieber nicht nach draußen gehen. Doch das lässt sie sich nicht ausreden. Niemals! Ihr Kuno mochte das so gern und sie schob ihn noch im Rollstuhl an diese Stelle. Er sah ihr zu und dann gingen sie guter Dinge nach Hause. Es ist ihr, als wäre er bei ihr, wenn sie die kleinen Kartons in ihre Tasche packt, den schweren Mantel überzieht und in die dicken Stiefel fährt. Vielleicht ist es ja auch so!

Draußen liegt Schnee. Weiße Weihnacht haben sie selten in Dresden. Sie denkt an die schweren Jahre zurück. Es gab nichts, was man gebrauchen konnte, aber Schnee in Hülle und Fülle. Heute findet sie die weiße Pracht schön.

Ihre kleine Karre zieht sie hinter sich her. Man muss sich ja nicht abschleppen, und wenn sie das Ding nun schon hat, obwohl sie nicht mehr für sich einkaufen gehen muss, kann sie es auch verwenden. Ein paar Schritte schneller. Da vorn kommt schon die Straßenbahn.

Am Königsheimplatz steigt sie aus. Hinter den Häusern, das weiß sie, liegt das Universitätsklinikum. Ihr Kuno starb dort vor drei Jahren. Sie war bei ihm, weiß, dass er nicht litt. Sie wendet sich zur Händelallee, geht an der ersten Villa vorbei und biegt in den Waldpark ein.

Gleich vorn ist ein Hang. Viele Kinder aus der Umgebung rodeln hier, manche kommen mit ihren Eltern. Die wiederum schauen ihr komisch nach. Was die wohl denken?

Sie nimmt den schrägen Weg, stapft durch den Schnee und schaut zurück. Frische Spuren. Sie mag das. In der Ferne sieht sie schon die Häuser der an den Park angrenzenden Goetheallee. Irgendwo da vor ihr lebte der Arzt, der ihrer Tochter auf die Welt half. Damals lag sie drüben im Nazarethheim an der Waldparkstraße. So vieles in ihrem Leben hatte mit dem Waldpark zu tun. Zufall? Sie mag den Park.

Wieder hört sie das Kreischen der Kinder. Weiter nach Osten weiß sie einen Rodelhang. Steiler als der am Eingang vorhin. Immer umlagert. Und dazwischen liegen die vielen Tennisplätze, es gibt einen Spielplatz und viele Wiesen, Büsche, Wald. Eine richtig schöne grüne Lunge für die Stadt. Sie erreicht den Lothringer Weg, stapft auf dem Fußweg entlang. Ein Bus der Stadtrundfahrt kommt ihr entgegen. Das angrenzende Villenviertel wird gern gezeigt.

Dann kommt sie an den letzten Weg zurück gen Westen. Sie biegt ein und steht vor dem kleinen Baum. „Na, Mickerchen, hast dich ja nicht sehr gemacht zum letzten Winter, oder?" Sie streicht einen Moment über die mit Schnee bedeckten Nadeln, schaut um sich. Früher stand da ein größerer. Und davor noch ein anderer. Den hier setzte sie selbst ein. Im Herbst nach Kunos Tod. Zum Glück steht er noch.

Sie parkt ihre kleine Karre neben dem Baum und packt aus. Dann schüttelt sie die Nadeln ab. Vorsichtig. Im Winter wollen die Bäume nicht zu viel Stress, ruhen sich aus. Vorsichtig beginnt sie ihr Werk. Nach einer Stunde ist sie fertig, schaut den kleinen Baum noch einmal an, nickt zufrieden und macht sich auf den Rückweg.

Wenig später steht ein junges Paar mit Kinderwagen vor einem hübsch mit Kugeln und Lametta geschmückten Weihnachtsbaum. „Schau mal", meint sie und hebt den Kleinen aus dem Wagen. „Der Weihnachtsmann war wieder da." – „Das weiß er doch nicht", erwidert ihr Freund. – „Na und? Ich finde den immer wieder schön. Jedes Jahr wird er geschmückt und niemand weiß, wer das macht." – „Alles muss man vielleicht auch nicht wissen", meint er und nimmt seine beiden Lieblinge in den Arm.

Weitere Bücher aus der Region

Aufgewachsen in Dresden. Die 40er und 50er Jahre
Dietmar Sehn
64 Seiten, zahlr. Fotos
978-3-8313-1833-9

Aufgewachsen in Dresden. Die 60er und 70er Jahre
Una Giesecke
64 Seiten, zahlr. Fotos
978-3-8313-1860-5

Stadtwanderführer Dresden – 25 Touren
Dr. Jürgen Schmeißer
168 Seiten, zahlr. Fotos
978-3-8313-2337-1

Unser Elbflorenz – Dresdner Flussgeschichten
Dietmar Sehn
80 Seiten, zahlr. Fotos
978-3-8313-2141-4

Kuhschwanz, Fummel und ä Schälchn Heeßen – Kulinarische Geschichten aus Sachsen
Martina Güldemann
80 Seiten, zahlr. Fotos

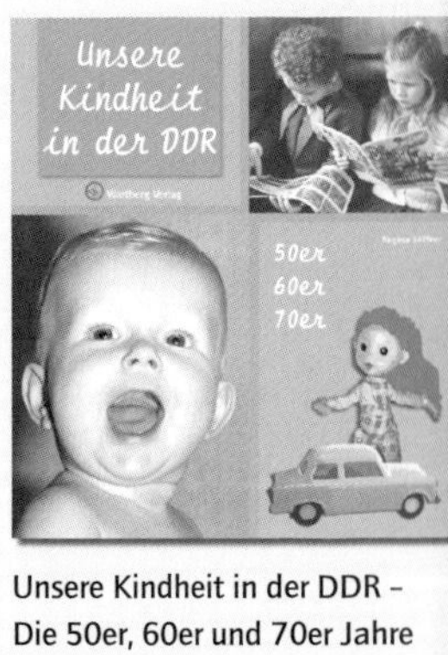

Unsere Kindheit in der DDR – Die 50er, 60er und 70er Jahre
Regina Söffker
96 Seiten, zahlr. Fotos
978-3-8313-2221-3

Wartberg Verlag GmbH & Co. KG
Im Wiesental 1 | 34281 Gudensberg
www.wartberg-verlag.de

Bücher für Deutschlands Städte und Regione
Tel. 05603-93050
Fax 05603-930528